«Las ciudades no sólo necesitan industrias que les den vida, sino también

equipos que contribuyan a prestigiarlas»

Manuel San Martín

Presidente del Racing desde 1948 a 1953

Textos: *Fran Díez*

Fotografías: *Archivo racinguismo.com*

Diseño y diagramación: *Beatriz Heras*

Primera edición: *Diciembre de 2021*

ISBN: 9798783869570

Acta de constitución de la Sociedad "Santander Racing Club".

En la ciudad de Santander el 14 de Junio reunidos en el domicilio de la Sociedad, Isabel la Católica número 5 los Sres: Mariano Zubizarreta, Mateo Pérez, José Roncal, Joaquín Sánchez, Carlos Iruretagoyena, Francisco Gutiérrez Cossío, Alvaro Zubieta, Alvaro Florez Estrada y Angel Sánchez Losada.

Acordaron la constitución definitiva de la Sociedad, procediéndose al nombramiento de la Junta Directiva saliendo elegidos por mayoría de votos los Sres. siguientes:

Presidente. Angel Sánchez. †
Vice-Presidente. José Roncal. †
Secretario. Carlos Iruretagoyena.
Tesorero. Francisco Gutiérrez Cossío.
Vocales: Alvaro Zubieta y Mateo Pérez.
Capitán. Mariano Zubizarreta.

I para que conste firmamos ésta en Santander á catorce de Junio del año mil novecientos trece.

Vº Bº
El Presidente.   El Secretario.

Angel Sánchez   Carlos Iruretagoyena

Acta de fundación del Real Racing Club en 1913

Índice

Luis Alvarez
Santiuste
J. Agüero
José Nova (presidente)
T. Agüero

Los orígenes de un perdedor simpático

El Racing empezó perdiendo y eso marca mucho. Pronto aprendió a levantarse y seguir corriendo persiguiendo el gol y así sigue desde 1913. «¿Eres tan perdedor que no te enteras cuando has ganado?», le suelta el personaje de Harvey Keitel –un cura que ha perdido la fe– a un atracador al que da vida George Clooney en *Abierto hasta el amanecer* (1996). El racinguismo tiene mucho de religión y requiere de fe inquebrantable, supongo que ocurre algo exactamente igual en otros equipos, aunque sin son ganadores quizá no tiene tanto mérito... O al menos no es necesario tener tanta moral.

Lo dejó escrito el historiador social Colin Shindler en su libro de memorias *El Manchester United arruinó mi vida* (1998): «Cambiar la lealtad en el fútbol es tan imposible como cambiar de religión». El genial Eduardo Galeano fue más allá consciente de que credo también se cambia: «En su vida, un hombre puede cambiar de mujer, de partido político o de religión, pero no puede cambiar de equipo de fútbol». Es ya sabiduría popular. Hay que tener mucha pasión para seguir al pie del cañón. Tener fe, aunque no lleguen los ascensos, al menos el consuelo es que la familia de feligreses no desciende en El Sardinero. El uruguayo también afirmó eso de que «el fútbol es la única religión que no tiene ateos» y es cierto. Podríamos perder la confianza ciega en el Racing, o incluso renegar de él... Pero entonces tendríamos una vida más triste y vacía.

Volvamos a lo de que el Racing comenzó su historia perdiendo. Aquel grupo de chavales nunca supieron lo que habían puesto en marcha. Algo muy grande. A la larga ganaron un partido más importante.

Fue el 23 de febrero de 1913 y aquellos jóvenes que solían jugar en la Plazuela de Pombo se estrenaron de una manera más seria en el fútbol cayendo derrotados ante el Strong por 2 a 1. Desde entonces se celebra el aniversario del nacimiento del Racing y no en la fecha posterior en la que se firmó el acta de constitución formal, el 14 de junio, aunque haga mejor tiempo meteorológico. Las personas festejan su cumpleaños el día que nacen, no el día que les bautizan o en la fecha en la que se les inscriben en el registro.

El primer equipo de la historia del Racing estuvo formado por Mateo Pérez, Breñosa, Sánchez Losada, Iruretagoyena, Villegas, Zubizarreta, Ojembarrena, Zubieta, Florez-Estrada, Julio Gracia y Roncal.

En los primeros años de este deporte en Santander cuatro equipos se disputaban la hegemonía futbolística en la ciudad. El Strong estaba considerado como el club de los señoritos; el Nueva España, el de los obreros y el Sporting era el equipo de los dependientes comerciales. Muchas veces se les llamaba más por este apelativo que por su nombre anglófono. No hay que olvidar que aquel fútbol primigenio llegaba desde las islas británicas, aunque los anglicismos no siempre calaban. El primer partido de fútbol que se disputó en Santander fue en 1903, aunque sin mucha organización ni uniformes. El 15 de agosto de 1903 se jugó ya el primer encuentro serio. Se enfrentaron un recién creado Real Club Sport el Norte de Santander y un combinado de futbolistas bilbaínos de varios equipos de la ciudad vecina. Se celebró el duelo en La Albericia y concluyó con empate a uno. También hay referencias del primer partido de carácter internacional jugado en la capital cántabra. La presencia de dos mercantes ingleses, el Manchester Port y el Firby, originó un reto entre los marineros y los jugadores locales el 12 de julio de 1905. Lo recogió la prensa de la época. Se disputó en los terrenos conocidos como Los Arenales, en la actual calle Marqués de la Hermida. Ganaron los ingleses 0 a 3.

El Racing no tenía un sobrenombre social definido a diferencia de los otros equipos de la ciudad en 1913. La mayoría de sus integrantes eran todavía muy jóvenes, muchos de ellos de clase media, pero también procedentes de estratos sociales más variados. En una ocasión, en esa prehistoria futbolística, los racinguistas cometieron un robo para poder practicar su deporte, aunque fue más bien un "préstamo no consentido". Los pioneros racinguistas robaron las botas a los señoritos del Strong, pero por un buen motivo. Así lo contaba uno de los jugadores del primer Racing y fundador del club, Álvaro Zubieta: «Andábamos mal de dinero y debíamos disputar en Torrelavega un partido. No teníamos la suficiente equipación para hacerlo porque al que no le faltaban las botas estaba sin el calzón o la camiseta. Alguien apuntó que el Strong guardaba su vestimenta en un caseto que estaba donde se ubicaron posteriormente los antiguos Campos de Sport y otro dijo que por qué no cogíamos unos botines prestados… Dicho y hecho. Había una ventana por la que nos colamos todos dentro y sacamos cuatro o cinco pares de botas. Así pudimos jugar el partido». Una pequeña venganza por aquella primera derrota. Muchos jugadores del Strong pasarían luego al Racing convirtiéndose todos en amigos.

Se mire por donde se mire el Racing es un equipo peculiar, al que se le aprecia por muchos motivos y tan cántabro como el mismísimo sobao pasiego. Y no hay que olvidar que el Racing es uno de los históricos del fútbol español, así lo dicen los números y los puntos logrados en la máxima categoría. Quizá el club más importante de los que nunca ganaron nada en España, todo un logro. Otro más para el equipo santanderino, siempre pionero… Desde la publicidad en las camisetas a las equipaciones negras pasando por haber sido el primer club convertido en Sociedad Anónima Deportiva.

Y todo eso empezó con un balón. El balón era, es y será el tesoro. Lo más preciado del fútbol. «Tener un balón, Dios mío. / Qué planeta de fortuna», escribió el poeta santanderino Gerardo Diego. El primero que tuvo el Racing era el de aquel grupillo de chavales que peloteaban en la Plazuela de Pombo y que se guardaba en la droguería de Zubieta, padre de Álvaro, o en la farmacia del padre de Diego Breñosa. Ambos establecimientos todavía permanecen en su lugar y funcionando. No deberían perderse nunca.

Algunos de ellos solían ya alinearse con el Escolar, como Zubieta, Breñosa o Carlos Iruretagoyena (que sería posteriormente secretario del club y que jugaba con gafas) y otros no tenían experiencia futbolística. Ya en la adolescencia querían buscar un nombre para participar en torneos más importantes y ante otros equipos de la ciudad que ya funcionaban de una manera más seria. Aquellos chavales tenían entre 14 y 17 años y tomaron el nombre de Racing como homenaje al Racing de Irún, que acababa de proclamarse campeón de Copa y era, por lo tanto, uno de los clubes de moda. Hasta el 14 de junio no se oficializó el club, aunque ya habían disputado varios encuentros bajo la denominación de Racing. El acta fundacional se firmó en el bar Sonderklass, en el paseo Pereda, un local ya desaparecido.

La sede social se fijó en el número 5 de la calle Isabel La Católica, el piso familiar de los Sánchez Losada. Tuvieron que recurrir al hermano de Joaquín, Ángel, como presidente para que hubiese una persona mayor de edad en el acta. Los socios pagaban una cuota de una peseta mensual para sufragar los gastos del nuevo club. Un jersey de portero costaba 16 pesetas, una menos que un balón. Ya oficialmente constituido como club, el Racing disputó el 29 de junio sus dos primeros partidos, uno del primer equipo y otro del infantil... ¡Perdió los dos! El Nueva España goleó 9-0 al primer equipo y el infantil racinguista cayó 1-8 ante el Santander Sporting, que sin embargo fue descalificado, por lo que los infantiles se clasificaron para una final que perdieron por 1-0 ante el Strong. Lo de perder está muy dentro desde el origen.

En 1913 el Racing de Irún ganó la Copa del Rey en Madrid al Athletic por 1 a 0 y la idea era utilizar los mismos colores que el conjunto fronterizo. Una representación del grupo de chavales de la Plazuela de Pombo se desplazó a Irún para comprar las camisetas. En aquel entonces, en la ciudad guipuzcoana todavía cohabitaban dos equipos, el Racing y el Sporting, que se fusionarían posteriormente en el Real Unión.

El vendedor de los equipajes era el futbolista Eugenio Angoso, capitán del Irún Sporting Club y años más tarde presidente del Real Unión. Obviamente, les aconsejó llevarse la equipación de su equipo. No está claro si no hubo posibilidad de comprar la verdiblanca del Racing de Irún, si fue un error, si les gustó más la rojiblanca o si aprovecharon una 'oferta'. Lo cierto es que a Santander volvieron con una camiseta roja con mangas y cuello blancos y pantalón también blanco, como los colores de la bandera marítima de Santander, aunque eso no fue ningún motivo en la elección puesto que la entonces provincia santanderina lucía los colores blanco y azul de su capital y pertenecía a Castilla la Vieja, casi 70 años antes del Estado de las Autonomías.

Aquella primera equipación del Racing tuvo que salir de los bolsillos de los jugadores, que apoquinaron el importe. El escudo, más bien las letras RS, lo bordaron Florinda y Zaida, las hermanas de Jesús Sierra, el mediocentro del equipo. Los racinguistas continuaron utilizando esporádicamente este equipaje hasta 1917, cuando el blanco, que ya se había empleado en algunos partidos para evitar confusiones y que desde la absorción en 1915 del Real Santander se había convertido en cada vez más habitual, se impuso definitivamente. Los motivos verdes aparecieron por primera vez en 1921, colores, estos sí, del Racing de Irún. Así, y pese a un primer lustro de rojo y blanco, el Racing de Santander toma ya como suyo el uniforme del otro Racing: camiseta blanca, calzón negro y, ocasionalmente, motivos verdes.

Hay que esperar hasta finales de los años 20, y definitivamente a la década de los 30, para que el club, ya en plena madurez, adoptara los colores que se iban a convertir en seña de identidad: el verde y el blanco, ya fuera en forma de camiseta a rayas o de prenda blanca con los motivos en verde (por ejemplo, un escudo con las iniciales, también al estilo de los irundarras), y el ya habitual calzón negro. En la década de los 70, el diseño se modernizaría en cuanto a los detalles o las rayas en verde e incluso se llegaría a jugar de nuevo de rojo y blanco con motivo de la participación del Racing en la Copa de la UEFA en recuerdo de aquel equipo pionero de 1913.

La primera peña femenina fue del Racing

El concepto de peña futbolística todavía ni se intuía como tal en aquel Racing primigenio de principios del siglo XX, pero ya estaba presente. Y no solamente eso, sino que posiblemente el club santanderino sea el que primero tuvo una peña femenina. El primer gran grupo de aficionados del Racing que seguía al equipo sin perderse un partido no estaba formado por hombres... Eran las vendedoras de pescado de Puertochico. Una hinchada más aguerrida y resuelta que cualquier otra. «Ellas nos animaban mucho, pero también las temíamos cuando perdíamos porque nos corrían a gorrazos hasta Puertochico. Siempre se escapaba algún guantazo», rememoraba uno de los futbolistas que formó en el primer Racing, Antonio Lavín. Cuando ganaban los partidos, sobre todo si era ante el Arenas de Guecho o ante el Athletic de Bilbao, la cosa iba mucho mejor. «Nosotros teníamos un pique muy gordo con los del Arenas, hasta tal punto que en una ocasión terminamos todos lesionados, de mayor o menor gravedad. Las pescaderas también les tenían una ojeriza considerable a los de Guecho y les perseguían al acabar los partidos gritándoles, ¡vaya una hinchas que eran!», contaba Lavín en una entrevista. Los futbolistas, aunque no cobraban, ya empezaban a ser muy conocidos y queridos en la ciudad y gozaban de popularidad en los bailes. Antonio Lavín trabajaba de oficinista en una empresa llamada Lantero y la broma que se hacía en las tertulias deportivas era: «El colmo de Lavín es jugar de medio cuando es 'de Lantero'».

Era un tiempo en el que los balones por alto se dejaban pasar y no se cabeceaban, pero en el que ya se entreveían algunos conceptos del fenómeno social en el que iba a convertirse este deporte. Las peñas femeninas no son tan modernas en el fútbol como pueda parecer. El fenómeno fan, los ídolos futbolísticos y las pasiones desmedidas acompañaron a este deporte desde sus inicios en España.

La pelota no se cabeceaba porque era muy dura y pesada, nada que ver que con los actuales balones. Fue Pepe Beraza, el primer entrenador que tuvo el equipo, el que impuso la rutina de cabecear la pelota tal y como hacían ya los otros conjuntos de Santander.

José Beraza había sido ciclista aficionado y futbolista en el Strong, con el que se enfrentó y ganó al Racing en el primer partido de la historia del club racinguista disputado en febrero de 1913. Comenzó como entrenador sin sueldo en la temporada 1916/1917 y también dirigía algunos de los entrenamientos en un local de la Plaza de Numancia. Su labor fue también la de asesorar a la directiva, que era la que tenía la última palabra en el once que jugaba. Tras dejar el puesto de entrenador pasó a convertirse en jefe de material a cambio de 2,2 pesetas diarias. Su vacante como técnico no fue cubierta hasta 1920, cuando llegó a Santander el inglés Fred Pentland, que revolucionó la concepción y el estilo que se tenía entonces del fútbol. Pepe Beraza escribió también en el periódico *El Cantábrico* con el seudónimo de Yost, fue delegado del Racing, formó parte de la primera directiva de la Federación Cántabra de Fútbol y ayudó también a crear la de Atletismo. Murió en 1957 y fue fundamental en aquellos primeros pasos del club santanderino y del deporte en la región en general.

El Racing en 1917.

El primer trofeo sin rival

En julio de 1914, el Racing participó en lo más similar a una competición oficial que podía existir en aquel momento en Cantabria: la Copa Luis Redonet, bautizada así por un diputado que donaba el trofeo que se ponía en liza. En esa edición hubo cuatro equipos participantes y los racinguistas ganaron el primer título de su historia... Sin rival en la final, todo hay que decirlo.

El 12 de julio debutó el conjunto racinguista con un 2-0 ante la Gimnástica de Torrelavega en la semifinal, con lo que se clasificó para jugar en la final el torneo ante otro equipo santanderino, el Nueva España, que a su vez había derrotado por 6-0 al Strong. Fue el último partido de la historia del primer rival del Racing, del equipo de los 'señoritos'. El Nueva España, sumido en un conflicto con los organizadores, anunció que no se iba a presentar a la final por sentirse perjudicado respecto al Racing en cuanto al horario matinal y otras condiciones del duelo. Al cumplir su amenaza el Nueva España, los racinguistas sólo tuvieron que marcar a puerta vacía al comenzar la contienda sin ninguna oposición (así era la costumbre en la época) para llevarse el partido y la Copa Redonet. Para esa misma tarde, y dada la anunciada incomparecencia del Nueva España, el Racing había organizado ya un encuentro contra la Gimnástica en El Malecón, que terminó con victoria torrelaveguense. Así que perdieron el mismo día que ganaban su primer título. Nunca ganar una copa había sido tan sencillo ni lo iba a ser después.

Ese verano, el 1 de agosto, se inauguraron oficialmente los Campos de Sport con importantes mejoras como los palcos y las sillas. El Santander F.C. perdió 1-3 con el Athletic de Bilbao. Cada vez acudía más público a ver los partidos de fútbol que se complementaban con otros espectáculos: unas curiosas ascensiones en globo del Capitán Echevarría y Rigoletto, columpios para niños, rifas, carreras, saltos con pértiga, patinaje o verbenas con orquesta. Los festivales se suspendían en caso de lluvia y se devolvía el importe de la entrada: 10 céntimos.

La pasión incipiente por el fútbol en la ciudad había que rentabilizarla. Por eso José María Fernández Cervera, propietario de los terrenos en los que se jugaba, valló aquella campa de El Sardinero para que hubiese que pasar por taquilla. Se creó un comité organizador, con Pepe Beraza como secretario, presidido por Fernández Cervera y con los representantes de los distintos clubes santanderinos como vocales. En el primer campo de El Sardinero las porterías estaban en lo que fueron luego las localidades de tribuna y general, es decir, mirando hacia la playa, de este a oeste. De la recaudación, el propietario del terreno pagaba a los jugadores: 11 duros para el equipo ganador y uno para el árbitro. En caso de empate se repartía la mitad para cada equipo. En la temporada en la que se implantó este sistema de premios el Racing salió muy bien librado: un solo empate y victoria en todos los restantes. De cada duro que les correspondía, los jugadores donaban la mitad para gastos del club. Al final del curso de 1916 se aprobó alquilar los Campos de Sport anualmente para evitar la constante subida de las cuotas, que casi se habían triplicado en unos meses.

El Racing cerró el ejercicio de 1917 con un superávit de 2.107,45 pesetas. El equipo era todavía completamente aficionado, lo que unido al hecho de que incluso los jugadores seguían pagando su cuota y en ocasiones aportaban dinero (por ejemplo, para los viajes y equipaciones), facilitaba mantener una economía muy saneada. Aunque con los años los ingresos serían mayores no iba a resultar tan común ni sencillo presentar beneficios a final de campaña.

En los orígenes del club racinguista siempre estuvo presente el componente solidario. Aquel grupo de jóvenes de la Plaza de Pombo tenía muchas inquietudes y ya desde el principio estuvo claro que el club sería mucho más que fútbol. Hubo otras secciones deportivas como el hockey o el rugby a lo largo de los años y también siempre se mantuvo una preocupación social.

La institución todavía no tenía ni carácter oficial y solamente se había disputado un partido –la derrota ante el Strong 2 a 1–, pero al tener conocimiento de las necesidades que estaban padeciendo los familiares de las víctimas de la tragedia del vapor Camargo aquellos chavales decidieron organizar un partido benéfico para ayudarles. La idea enseguida contó con un gran respaldo. El Camargo se había ido a pique a 16 millas al noroeste del puerto británico de Hastlepool después de que chocara con otro vapor, una embarcación francesa llamada Londonnais.

El día 11 de mayo de 1913 comenzaron muy pronto los diversos espectáculos deportivos organizados para recaudar fondos. Primero fueron las carreras ciclistas, que ganaron Julio Landeras en categoría infantil, Mariano García en neófitos y Antonio Ruiz en profesionales. A continuación se dio paso al partido de fútbol entre el Nueva España y el Racing. El equipo racinguista confirmó en el segundo partido de su historia el buen juego y la voluntad que ponían sus jóvenes futbolistas, aunque se volvió a perder… En esta ocasión 1 a 0. Los aficionados criticaron mucho a los racinguistas por no emplear la cabeza para despejar el balón como hacían los otros equipos, algo que no tardaron en corregir. En el descanso se celebró una exhibición de atletismo. Leopoldo Argós, sargento del Regimiento Valencia fue el mejor en resistencia, Cubero ganó los 100 metros y Julio Pereda el salto con pértiga. El éxito de la convocatoria, en la que se recaudaron 151, 80 pesetas, animó a los propietarios del terreno de juego a iniciar las obras del cierre del campo y a construir una pista para patinadores. También fue el empujón necesario para que los racinguistas decidieran formalizarse y constituirse legalmente.

El fundador pintor

Entre los fundadores del Racing figura como primer tesorero de la entidad Francisco Gutiérrez Cossío, quien ha pasado a la historia del arte como Pancho Cossío. Se había trasladado a Santander en 1909 junto a su familia, natural de Cantabria aunque había emigrado a Pinar del Río (Cuba), donde nació el pintor en 1898. Sin haber cumplido aún los quince años formaba parte del grupo de adolescentes que se reunían en la plazuela de Pombo, aunque una rodilla anquilosada como consecuencia de una enfermedad infantil le impedía secundar a sus compañeros en el campo. Solo un año después de la fundación del club dejó la ciudad para ingresar en el taller madrileño de Cecilio Plá y dedicarse a la pintura. Posteriormente, ya en París, se convertiría en un referente de la vanguardia. De ahí que su vinculación con el club de fútbol apenas haya trascendido. Regresó con frecuencia a su ciudad adoptiva, llegó a recibir este título honorífico, y está enterrado en el cementerio de Ciriego en el Panteón de Personalidades Ilustres, aunque falleció en Alicante, donde pasó sus últimos años.

Retrato de Álvaro Zubieta realizado por su amigo Pancho Cossío

Uno de los centros neurálgicos de aquel Racing embrionario estaba en la droguería de Pedro Zubieta, padre de uno de los futbolistas, que también era estudio de fotografía (lo que es actualmente) y vendía material de bellas artes, por lo que entre sus clientes figuraban los pintores cántabros de la época, entre ellos Riancho, Gutiérrez-Solana, Ángel de la Hoz y el propio Pancho Cossío, que entabló una buena relación con la familia. No fue el único artista de vanguardia relacionado con el primer Racing. A finales de la década de 1910, otro pintor cántabro, Ricardo Bernardo, natural de Solares, fue el encargado de elaborar algunos de los carteles con los que se anunciaban los partidos. Bernado, nacido el 17 de julio de 1897, estudió en Madrid y también se trasladó a París, aunque en 1920 regresó a Cantabria para abandonarla definitivamente en 1937 ante la inminente llegada de las tropas nacionales y así evitar represalias tras haber mostrado su compromiso con el gobierno democrático de la II República. Murió en Marsella el 12 de noviembre de 1940.

Por supuesto, no debemos olvidar el arte de José Luis 'Piluis' Orizaola que ha caricaturizado a cientos de futbolistas del Racing para diversas publicaciones componiendo un archivo histórico único. Además, dejó huella en el centro del campo militando casi toda su carrera deportiva en el Rayo Cantabria y siendo un futbolista más que aceptable. Siempre se recuerda un partido en el que se enfrentaban el Unión Club de Astillero con la presencia de Nando García, estrella ya en México y de vacaciones en la región, contra el Rayo Cantabria en 1945. Los santanderinos vencieron 1-2 y la figura fue 'Piluis', capaz de secar al

'Gavilán' García. Al internacional español le apodaban de esa manera por la forma extendida que adoptaban sus brazos al proteger la pelota. Unos años antes, en 1942, Nando García coincidiría en otro partido amistoso, pero en Nueva York, con otro santanderino: Fabri Salcedo, una gran figura del modesto fútbol estadounidense. Fabri le hizo dos goles al Atalante de México de Nando García, que por aquel entonces era uno de los mejores clubes del mundo. La afición artística de 'Piluis' y su habilidad como caricaturista le venía ya desde pequeño. Fue el padre Antonio Martín Lanuza, párroco de Santa Lucía que enseñó a dibujar a cientos de chavales, el que le guio en sus primeros pasos y posteriormente le recomendó para que le sustituyera en el diario *Alerta*. Trabajando ya en Alemania (fue profesor de la escuela de Comercio de Harzbug) no abandonó sus colaboraciones con la prensa y las caricaturas. Con motivo de la presencia del Real Madrid en Stuttgart para disputar la final de la Copa del Europa ante el Stade Reims en 1959, 'Piluis' quiso saludar a su paisano Paco Gento (con el que llegó a coincidir en el Rayo Cantabria) con una caricatura que envió al diario *Bild Zeitung*, el de mayor tirada de Europa. No solo le publicaron el dibujo, sino que para sorpresa del santanderino, le remitieron un cheque que pagaba el trabajo con un importe diez veces superior a lo que le daban en *Alerta*. Su hermano Enrique llegó más alto en el fútbol como jugador y entrenador, incluso dirigió al Racing y al Barcelona, y también era aficionado a la pintura y al dibujo. Todas las Navidades siempre felicitaba las fiestas con alguna postal artística elaborada por él mismo y con cierta calidad.

La primera caricatura conocida de la historia del Racing es un dibujo a pluma realizado por Leopoldo Huidobro en 1916, que tuvo un fin comercial ya que fue impresa en los envoltorios de los jabones La Rosario, la empresa familiar del escritor José María de Pereda.

El fino trazo de los dibujos de Rivero Gil, exiliado muy pronto a México, crearía escuela en los dibujos sobre el Racing, pero luego vendrían muchos otros grandes artistas que han firmado obras relacionadas con el equipo, incluidos el popular José Ramón Sánchez (sobrino de Rafael Sanz, presidente del Rayo Cantabria), Andrés Torre 'Andy', Néstor o Ansola.

Viñeta de 1950 en El Mundo Deportivo... Temor en el Barcelona porque el Racing viene a fichar a sus estrellas.

Posiblemente sea esta la caricatura más famosa de la historia del Racing. José Luis 'Piluis' Orizaola inmortalizó al equipo campeón de Segunda División de la campaña 49/50, con un dibujo que fue muy popular y que todavía en la actualidad se puede ver colgado en algunos bares de la región. También formaba parte de la portada del histórico libro de Teodosio Alba sobre la historia del club. Orizaola, que fue también futbolista del Rayo Cantabria y hermano de Enrique –que tuvo una larga carrera como entrenador–, publicó cientos de dibujos en el Alerta e incluso en Alemania cuando estuvo trabajando allí.

La excursión a Argel

En 1936, poco antes de que estallara la Guerra Civil en España, el Racing fue invitado a un Torneo Internacional en Argelia. El club organizador era nada menos que el Racing Universitario de Argel, institución que se haría famosa tiempo después gracias al escritor Albert Camus. El filósofo fue un gran aficionado al fútbol, pero no un buen portero, aunque se hayan mitificados sus condiciones como guardameta. Una tuberculosis le retiró de la práctica deportiva con 17 años y sin poder demostrar si realmente hubiese sido mejor futbolista que escritor, algo realmente complicado, más allá de algunos encuentros en juveniles.

A la entonces colonia francesa llegaron tres clubes para una competición que se disputó del jueves 21 al domingo 24 de mayo y que pretendía ser prestigiosa: el Queen of the South de Escocia, el Racing de Santander y el Floriana de Malta. El RUA —así se conocía al Racing argelino— se había proclamado campeón de África del Norte el año antes y también había ganado el título doméstico. El Floriana también exhibía título como ganador de la liga de Malta. El Queen of the South había terminado cuarto en la máxima categoría de Escocia, el mismo puesto que había ocupado el Racing en España y lo había logrado ganando tanto en la primera vuelta como en la segunda al Real Madrid y al FC Barcelona. Fue el primer club en conseguirlo. No hay que olvidar que los cántabros habían participado en las ocho primeras Ligas siendo segundos, terceros y dos veces cuartos en los últimos cuatro campeonatos ligueros. Por tanto, tenían un merecido prestigio. En el cartel del torneo les denominaban "favoritos" del campeonato español.

Los locales del RUA cayeron 1-2 ante los escoceses con tantos de Willie Thomson y de Joe Tulip, uno de los primeros ingleses que jugó el campeonato escocés. El fútbol británico era muy poderoso entonces.

En la otra semifinal el Racing se deshizo de los malteses no sin dificultad y por la mínima, 1-0. Antes de iniciar el largo viaje el equipo cántabro había sido eliminado de la Copa Presidente de la República por el Osasuna con mucha claridad, 5-1 en Navarra, y 0-2 en Santander ante el enfado de los aficionados racinguistas. El Floriana, que viste de verde y blanco con rayas horizontales, es uno de los clubes más laureados de Malta. En su palmarés figuran 25 campeonatos ligueros y otros tantos de Copa, además fue el primero del país en disputar la Copa de la UEFA en 1962. Bajo la influencia británica el fútbol isleño era entonces más potente que en la actualidad.

Así que la final del torneo iba a enfrentar a los escoceses con los españoles en un duelo épico y muy reñido.

George McLachlan, que fue capitán del Mancheter United y que había sido un destacado futbolista, era el gerente del Queen of the Souths. Tenía conexiones en Francia porque había jugado allí, en Le Havre, y hablaba el idioma, lo que posibilitó una larga gira que incluyó once partidos en 26 días por Francia, Luxemburgo y Argelia. La escuadra escocesa perdió en Montpellier 4 a 2 y ganó al Stade Reims, 4 a 5. En los *Doonhamers* destacaban futbolistas como Willie Ferguson, con una década de experiencia en el Chelsea, o el internacional irlandés Laurie Cumming. Aquellas giras eternas eran una buena fuente de ingresos en la época.

El Racing de Santander contaba en la final con el apoyo de los seguidores del Racing de Argel... No dejaban de ser racinguistas. En el estadio hubo algo menos de 10.000 espectadores, cifra que se superó en el primer encuentro con el conjunto local en liza. El Queen of the Souths logró ganar al Racing por la mínima con un solitario gol de Norrie Haywood. El fútbol británico tenía mejor asimiladas las cuestiones tácticas y el Racing tiró de raza para tratar de superar a los escoceses, que supieron administrar muy bien el gol inicial.

Con un calor abrasador, la escuadra británica se dedicó a contemporizar el juego con el consiguiente cabreo del público que abarrotaba el estadio. Los montañeses se fueron encendiendo con tanto rayo de sol y aumentado su intensidad. Jackie Gordon terminó con una fractura de clavícula. Tulip tuvo que ser atendido fuera del terreno de juego, aunque el árbitro le dejó regresar al campo después de diez minutos, algo que no estaba permitido en la época.

El público se enfadó tanto con las pérdidas de tiempo del Queen of the South que comenzó a lanzar botellas al terreno de juego alineándose claramente a favor del otro Racing y en contra del conjunto que había eliminado al RUA. Afortunadamente, una pista de atletismo que rodeaba el césped hacía complicado que los objetos alcanzasen a los protagonistas. Un policía tuvo que escoltar al entrenador escocés, Kerr, a lo largo de toda la banda para que no le tirasen más objetos o pudieran hacerle daño durante los últimos minutos del partido.

Pese a los intentos del Racing por igualar la contienda, el encuentro terminó con ese 0-1 favorable a los de Palmerston. La Copa de este Trofeo invitacional de Argel se puede ver hoy en día en el museo del Queen of the South. Sin embargo, en Santander este evento ha quedado casi olvidado.

El viaje hasta Argelia incluyó otros amistosos para el Racing en el viaje de vuelta, como uno en la Ciudad Condal ante el FC Barcelona en el que debutó con los catalanes el cántabro Nando García, recién fichado por el Barça, o un partido en Vichy (Francia) ante el Athletic de Bilbao.

La verdadera historia del Racing y *El Huerto del francés*

La denominación de *El Huerto del francés* para los Campos de Sport de El Sardinero se fraguó en un triunfo ante el Athletic y no en una gran sucesión de victorias en casa. El boca oreja acrecienta las leyendas y las amplifica y distorsiona con el paso de las generaciones.

Todo surgió de la ocurrencia de un periodista guipuzcoano tras un partido de Copa en el que el Racing goleó al Athletic de Bilbao 3 a 0. Fue el 6 de abril de 1930 con tres tantos de Larrínaga. Al contrario de lo que se cree, este apodo al estadio no se lo ganó el club montañés porque cayesen en casa todos los rivales que pasaban por Santander, sino simplemente a raíz de aquel encuentro copero de dieciseisavos de final, la primera eliminatoria que se disputaba en esa edición. La victoria causó sensación en todo el país porque el Athletic era el campeón de Liga y había sido el único equipo que había concluido el campeonato de la regularidad sin conocer la derrota. Era el gran favorito también en la Copa y fue una gesta muy destacable que cayera en Santander.

El Racing era un equipo aguerrido en casa, aunque esa temporada había perdido ante el Arenas y el último encuentro de la temporada ante el propio Athletic por 2 a 3. El conjunto cántabro había pasado apuros para mantener la categoría en aquella Liga y solamente había dejado por detrás al Europa y al Athletic Club de Madrid. No hubo una gran racha de partidos en El Sardinero en los que iban sometiendo a todos los clubes del fútbol nacional tal y como se recuera ahora la "leyenda".

El sorprendente triunfo ante los vizcaínos fue recogido por toda la prensa nacional como una gran gesta y en Santander el verso de un periódico donostiarra caló muy hondo y en gracia entre los aficionados racinguistas, tanto que durante décadas sería recordado pese a no ser alta poesía:

«En Santander, al Athletic,

le ha cascado el Santander.

¡Está visto que aquel campo,

es el Huerto del francés!»

El resultado de 3-0 puso patas arriba la ciudad y don Miguel Ruiz, maestro de ceremonias de los desplazamientos masivos de los racinguistas, organizó trenes especiales para el encuentro de vuelta en Bilbao, que se jugó el 13 de abril de 1930. Los jugadores se concentraron en Liérganes unos días antes para llevar una vida más sana y de reposo. Una preparación del choque poco habitual en la época.

Y pasó lo que tenía que pasar, hizo acto de presencia la famosa 'paparda' racinguista, el escurridizo pez de la victoria que se escapa en el momento menos esperado. Con un San Mamés lleno hasta la bandera y buscando revancha, el Racing terminó goleado 5-1 y eliminado de la Copa de España. El conjunto entrenado por Pagaza salió temeroso y muy a la defensiva, y aunque con el 2-0 recortó distancias con un gol de Óscar, nunca tuvo opciones de aguantar el resultado.

El equipo rojiblanco llegó a la final de Copa y acabó cumpliendo los pronósticos. Alzó el trofeo venciendo al Real Madrid por 3 a 2. El Athletic tenía una delantera extraordinaria: Lafuente, Iraragorri. Unamuno, Chirri y Gorostiza.

La temporada siguiente, 1930/1931, el Racing terminó subcampeón empatado con el Athletic y la Real Sociedad y solamente perdió dos partidos en casa, aunque en Copa volvió a caer en la primera ronda ante el Arenas y además perdiendo en casa 0-2. En realidad, El Huerto del francés racinguista no daba tanto miedo. El apelativo para el recinto se usó con relativa frecuencia en la prensa, pero tampoco se llamaba así al estadio de manera habitual ni mucho menos aunque el sobrenombre ha perdurado hasta nuestros días.

La expresión de 'llevar al huerto' con el significado de engañar ya pertenecía al habla cotidiana desde uno de los sucesos más truculentos de la España negra acaecido en 1904 en Peñaflor, un pueblo entre Sevilla y Córdoba. Los asesinatos ocurridos en la localidad sevillana permanecieron grabados en la memoria colectiva durante muchos años, aunque hoy estén ya casi olvidados. Juan Aldije Monmejá, apodado *el Francés* por haber nacido en el país vecino. El tipo regentaba una fonda-casino-prostíbulo a la que su compinche José Muñoz Lopera atraía embaucados a personas con dinero para jugar partidas de cartas clandestinas. Una vez allí, les golpeaban en la cabeza con un martillo y les iban enterrando en el huerto de la posada. Asesinaron al menos a seis hombres, que fueron los cadáveres desenterrados en la finca. Robaron a las víctimas una cantidad considerable de dinero para la época: 28.300 pesetas.

La insistencia de la mujer del último asesinado, Miguel Rejano, que escribió varias misivas a los periódicos de Sevilla removió el asunto. Su marido era un jugador de cartas profesional y prestamista y ella sospechó de la encerrona.

Un expolicía, Laureano Rodríguez de las Conchas, espoleado por la mujer logró descubrir a los delincuentes. La Guardia Civil detuvo a Muñoz Lopera y a la mujer de Aldije, Elvira Meléndez, pero *el Francés* logró escapar a Portugal y no regresó hasta meses más tarde para entregarse a las autoridades y liberar así a su esposa.

En 1906 se celebró el juicio y los dos acusados fueron condenados a pena de muerte. Ambos fueron ejecutados mediante el garrote vil el 31 de octubre de ese mismo año. «Aprieta, aprieta sin miedo», fueron las últimas palabras de Juan Andrés Aljide. El verdugo le respondió seguro de sí mismo: «No tengas cuidado, hombre, que esto va bien y deprisa».

El suceso sirvió de inspiración para una de las mejores películas de Paul Naschy que se tituló también *El Huerto del Francés* (1977) y en la que aparecen actrices del destape como María José Cantudo, Ágata Lys o Silvia Tortosa. Jacinto Molina, nombre verdadero de Paul Naschy, dio vida al personaje de Juan Ándres Aljide.

Curiosamente, este mito del cine de serie B rodó su última película como actor en Cantabria, *La herencia de Valdemar* (2009) y además fue director, guionista y actor de la película *Los Cántabros* (1980) que recrea la lucha de Corocotta contra las legiones romanas. Naschy, que fue campeón de España de halterofilia en siete ocasiones, interpretaba a Marco Vipsanio Agripa mientras que otro culturista, Daniel Barry (cuyo nombre real es Joaquín Gómez Sainz y nació en la localidad cántabra de San Bartolomé de Soba) daba vida al legendario héroe cántabro en una cinta rodada a las afueras de Madrid con buenas intenciones y pocos medios. La idea del actor y culturista cántabro fue destrozada por Naschy que se inclinó más por un film de espada y brujería que por algo más serio y cercano a la historia de Cantabria, donde en realidad quiso rodar el film al completo Joaquín Gómez Sainz.

Un gol de más y los nueve penaltis fallados

El Athletic 9 – Racing 5 disputado el 5 de febrero de 1933 figura como el partido con más goles de la historia de la Primera División en España… Pero no hubo catorce goles en realidad, solamente fueron trece, que ya está bien y en uno de los que subió al marcador el balón no llegó a traspasar la línea de meta. No fue cuestión de ahuyentar el mal fario sino un error periodístico.

En las crónicas de Bilbao y de Santander se publicó el resultado correcto de 9 a 4, pero a nivel nacional se distribuyó una crónica de agencia con un 9-5 que atribuía un gol de más a Loredo apuntado en el minuto 75. Eran otros tiempos sin internet o televisión y aquella noticia se publicó en todo el país. En todos los periódicos bilbaínos o incluso en *El Diario Montañés* el resultado contado minuciosamente era 9-4. También en la *biblia* del fútbol primigenio en Cantabria, el *Archivo deportivo de Santander* de Fermín Sánchez figura el resultado correcto… Que la realidad no estropee el mito.

El encuentro fue un auténtico festival ofensivo gol arriba o gol abajo. A los veinte minutos ya iban 2-2 en el marcador y al descanso 5-3. El racinguista José Pérez Allende anotó tres tantos y Victorio Unamuno hizo cuatro para los leones. Tres anotó su compañero Gorostiza. En los minutos finales, desde el 65, el Racing jugó con un hombre menos por la lesión de Gurruchaga y los cántabros se quejaron de un gol dudoso del conjunto vizcaíno. Dio lo mismo.

Aquella temporada 32/33 tuvo resultados muy abultados y tan agitados como el ambiente social. Los racinguistas golearon 9-0 al Alavés en Santander –la mayor goleada de la historia de Primera División– y habían perdido 8-2 con los vitorianos en la primera vuelta. Cayeron ante la Real 8-0 y les habían ganado en la primera vuelta 7 a 1. Era otro fútbol en el que casi todo era posible…

El Racing llegó a fallar nueve penaltis en un mismo partido, pero se marraron de manera intencionada en una especie de venganza. El equipo cántabro había jugado en Madrid contra el Atlético y se había sentido engañado por el árbitro y maltratado por los rojiblancos. La jugada de la polémica había llegado en un disparo lejano de los madrileños que se marchó alto, pero el árbitro, Beltrán de Lis, concedió gol. Ante las protestas de los montañeses, se le ocurrió decir que el balón habría roto la red de la portería y que por eso había terminado en la grada. Más caldeado el ambiente, varios integrantes de cada equipo y el juez de la contienda, madrileño, procedieron a examinar las redes sin encontrar rastro alguno de un supuesto agujero, pero el gol subió al marcador igualmente y el tanto dio la victoria al Atlético. Había que disputar un partido de vuelta y los racinguistas estaban muy enfadados y con ganas de devolver la moneda. Antonio Lavín solicitó ser el árbitro de la contienda (en aquella época no era extraño que un futbolista o un personaje local ejerciera como tal), aunque en esta ocasión sin ánimo de ser imparcial. Sólo para tomarse la revancha. Durante el partido les castigó con nada menos que nueve penaltis que no eran, pero todos los lanzaba Finina y los fallaba intencionadamente. Los colchoneros, desesperados por la situación, amenazaron con retirarse del campo en varias ocasiones ante el cachondeo generalizado. En cuanto a penaltis, también hay que destacar la maestría de Óscar para lanzarlos de una manera peculiar que en la actualidad resultaría sorprendente. Se ponía de espaldas al balón y sin coger carrerilla se daba la vuelta y disparaba de improviso. En una gira del Racing por Túnez, Casablanca, Argel y Orán, que duró un mes y en la que no perdió ni un duelo, en un partido en el Marruecos francés señalaron un penalti a favor. Como el encargado de lanzarlos era Óscar y estaba en banquillo saltó al terreno de juego, lo lanzó y luego se le volvió a sustituir. Siempre pioneros.

El gol de la novia

La jugada más romántica de la historia del Racing y posiblemente del fútbol español fue un gol dedicado antes de subir al marcador. No ha habido un gesto más romántico sobre el césped que el llamado gol de la novia que marcó Óscar Rodríguez. El máximo goleador racinguista de todos los tiempos anotó un tanto digno del día de los enamorados. Una flecha certera de San Valentín.

Tal fue la polvareda que levantó el gol que su recuerdo ha perdurado hasta nuestros días... ¡Y se marcó en 1925! El gol de la novia terminó en matrimonio. Un final feliz de película romántica. De los 236 goles en 211 partidos oficiales que marcó a lo largo de su carrera Óscar Rodríguez como racinguista este fue sin duda el más famoso de todos.

Fue en un partido de la Copa del Rey de 1925 en la que participaban los campeones de los respectivos torneos regionales en cuatro grupos de tres equipos cada uno. Todavía no había una Liga tal y como la conocemos ahora, así que era el único evento que medía las fuerzas de todos los clubes del país.

Al Racing le tocaron dos huesos duros de roer: el Arenas Club y la Real Sociedad. El partido en Santander contra el Arenas era el último y decisivo dada la igualdad entre los tres. Si ganaban los santanderinos se clasificaban para las semifinales. Solamente el primero del grupo lo lograba.

Se jugó el 4 de abril de 1925. Los Campos de Sport estaban llenos hasta la bandera. El fútbol ya era entonces un espectáculo de masas.

Al descanso se llegó con empate a cero. Había mucho en juego y se notaba. El Racing tuvo que jugar la segunda mitad con diez hombres por la lesión de Montoya. El Arenas se adelantó en el marcador gracias a un penalti que convirtió Laña, aunque Raba estuvo a punto de repeler el esférico.

Con el Racing volcando en ataque buscando la remontada llegó el famoso gol de Óscar. El balón salió fuera y el futbolista nacido en Avilés fue a recogerla cerca de donde estaba su novia, la santanderina Manuela Arauna. Con la pelota en las manos quiso saludarla e hizo algo muy taurino, dedicarla un gol antes de marcarlo como hacían los matadores antes de comenzar su faena: «¡Este gol que voy a meter ahora va por ti, Manolita!». El futbolista era muy aficionado a la tauromaquia.

Óscar recibió la pelota y avanzó hacia la portería que defendía Jaúregui. Sorteó a uno, dos y hasta tres futbolista del Arenas que le intentaron cortar el paso y antes de llegar al área chutó con potencia. El esférico entró dentro de la portería y los aficionados se volvieron locos.

El propio avilesino describió en una entrevista publicada por el boletín oficial del club en 1974 su famoso gol: «Perdíamos por 1-0 cuando fui a recoger un balón que había salido fuera. En las gradas estaba mi novia presenciando el encuentro. El próximo gol va por ti, le dije. Me apoderé del balón, driblando a Pedro Vallana, Careaga y Peña, y disparé de izquierda desde treinta o treinta y cinco metros. Botó tres veces dentro de la puerta, ante la sorpresa de Jáuregui, un excelente guardameta».

Los racinguistas intentaron sin éxito marcar el segundo, pero no lo consiguieron. La opción de disputar las semifinales de Copa se esfumaron. El gol de la novia no sirvió de nada, salvo en el amor. Meses después Óscar y Manolita anunciaron su boda. Estuvieron toda la vida juntos. El Arenas llegó a la final de Copa, aunque perdió el título en Sevilla ante el Barcelona por 2 a 0. La actuación de Óscar durante el campeonato le sirvió para debutar con la selección española en un Portugal 0-España 2 disputado en Lisboa el día 17 de mayo de 1925. El jugador del Racing asistió en el primer gol y marcó el segundo.

Óscar Rodríguez López fue el primer futbolista profesional del Racing y la primera gran estrella del equipo. Nacido en Avilés (Asturias), este delantero se convertiría en el máximo goleador de la historia del equipo, récord que sigue vigente, por delante de Saras, si se tienen en cuenta todas las competiciones y los partidos amistosos, más numerosos en una época en la que los encuentros oficiales se reducían a un puñado de citas anuales.

Curiosamente, el delantero era sordo de un oído, así que fue todo un ejemplo de superación. Esa sordera parcial fue provocada por un profesor de La Coruña que le golpeó los oídos con las palmas de la mano provocándole la rotura del tímpano derecho, lo que en ocasiones provocaba situaciones extrañas cuando el delantero continuaba la jugada tras no oír el silbato del árbitro. Esa sordera se fue acrecentando a lo largo de su vida, pero en sus mejores años futbolísticos escuchaba más o menos bien.

Óscar era hijo de un pescador gallego y pasó sus primeros años de vida en La Coruña. Antes de cumplir los 16 llegó con su padre a Santander. Uno de sus primeros trabajos consistía en otear el horizonte para avistar a los pesqueros que regresaban a puerto, por lo que se escapaba a la zona de El Sardinero a divisar otros barcos: los entrenamientos del Racing. En una de esas ocasiones, estando entre el escaso público, le llegó a sus pies un balón y lo devolvió con un chut tan potente que inmediatamente le invitaron a incorporarse al equipo para realizar una prueba. Lo cierto es que no tardó en debutar: el 19 de septiembre de 1920, con 16 años casi recién cumplidos. A los pocos meses era ya indispensable como delantero centro e inició una larguísima carrera que le convirtió en 1926 en el primer profesional oficial del Racing (y uno de los primeros de España). El club aprobó su paso al profesionalismo el 14 de agosto de ese año tras una asamblea extraordinaria de varias horas en la Sala Narbón y Óscar fue el primero en firmar su contrato. No será su única relación laboral con el Racing, puesto que algo más adelante, puso en marcha un negocio de alquiler de vehículos que el club contrataba.

Con el club montañés sumó innumerables campeonatos regionales y un subcampeonato de Liga a lo largo de trece años, hasta que en 1934 se incorporó al Salamanca, donde actuó como futbolista y entrenador. También consiguió jugar dos partidos con la selección española, ambos como racinguista, en 1925 y 1927, este último en los Campos de Sport, en la primera visita de la selección española a Santander, y en el que el delantero local marcó el gol de la victoria. Especialista en las jugadas a balón parado, el ariete zurdo, que conforme fue cumpliendo años retrasó ligeramente su posición hasta llegar a jugar algún partido como eje, se hizo famoso por sus precisión en los libres directos y por su forma de lanzar los penaltis: sin carrera, de espaldas al portero y a la media vuelta. De gran envergadura y potencia, llegó a practicar simultáneamente fútbol y atletismo con éxito. Eso sí, su complexión ancha pasó de aliada a hándicap cuando con el paso de los años acumuló peso y perdió velocidad, dando una imagen de jugador algo pasado de kilos. Siempre estuvo ligado al fútbol y a esos barcos pesqueros de su infancia. Se jubiló tras más de veinte años como vigilante en el Puerto de Santander en un momento en el que su sordera estaba cada vez más avanzada y le obligó a usar audífono (regalado, por cierto, por José Luis Costa, presidente de la Federación Española). Ya en 1974 el Racing comenzó las gestiones para organizar un partido homenaje con el que sufragar la operación en la clínica barcelonesa del doctor Salvat, con la esperanza de que recuperara el 75% de la audición, e incluso viajó con el equipo aprovechando un desplazamiento a la Ciudad Condal para llevar a cabo la primera exploración, pero el homenaje nunca se llevó a cabo... Como con casi todas las leyendas racinguistas, el club tuvo ese mal detalle final.

Nochevieja y Año Nuevo no son días para el fútbol

España no está hecha para el fútbol en Nochevieja, menos todavía para partidos en el primer día del año, jornada más apta para que rueden las resacas que los balones. No somos ingleses, por mucho que se empeñe LaLiga en hacer caja programando fútbol en las fiestas navideñas copiando el *boxing day* inglés, el condenado fútbol negocio. Los deportistas o los aficionados les dan igual. Somos uvas para devorar a toda velocidad.

27 años llevábamos en España sin fútbol un 31 de diciembre y estábamos tan tranquilos hasta que en la 2019/2020 se volvieron a disputar encuentros en esa fecha. El Villarreal que entrenaba Marcelino García Toral derrotó 1-0 al Valencia y se cayó la última página del calendario. El mundo gira y gira y en la tele siguen cantando los mismos, como si todo fuera un programa eterno de *Cachitos de hierro y cromo* en el que las décadas se funden como si diese igual el año en el que estamos y las pintas con las que vestíamos.

Desde 1988 no había fútbol en Nochevieja. Entonces la AFE se puso seria y dijo basta. Los futbolistas se plantaron y se impuso la lógica. Ahora parece que los sindicatos, de cualquier tipo, pintan un poquito menos y los centros comerciales abren también cuando les da la gana… Los engranajes tienen que seguir funcionando a cualquier precio y nada es sagrado. Ni el pedete lúcido de fin de año.

El Racing, como casi siempre, ha sido pionero en esto de jugar en Nochevieja y figura entre los primeros clubes que disputaron un partido de Primera División un 31 de diciembre. Fue en la temporada 33/34. Se disputaron cinco encuentros, la jornada al completo, y los santanderinos ganaron 3-2 al Athletic en los viejos Campos de Sport de El Sardinero con una actuación sobresaliente. Esa ha sido la única campaña con jornada en Nochebuena y Nochevieja de todos los equipos. Después de ganar al conjunto bilbaíno toda la plantilla se fue a un cotillón en la sala Gong, ubicada en la calle Castilla. Se rifaba entre todos los asistentes una cesta de Navidad enorme y el agraciado fue uno de los futbolistas del Racing, Luis Diestro. Sus compañeros dieron cuenta allí mismo del premio, que incluía varias botellas de bebidas alcohólicas.

El equipo montañés no tuvo tanto éxito en el siguiente encuentro disputado en Nochevieja. Fue en la temporada 39/40 y el Español ganó en Santander 2-3.

En la temporada 1950/1951 el Racing venció al Alcoyano de la moral inquebrantable por 3 a 1. Todavía hubo una cuarta ocasión con partido para los racinguistas un 31 de diciembre. Fue en la campaña 78/79 y el resultado fue 0-2 ante el Hércules de Alicante en El Sardinero con goles de Kustudic y Macanás. Cuatro partidos en la máxima categoría con balance en tablas: dos victorias y dos derrotas.

Sin duda puede haber algo todavía peor que jugar el 31 de diciembre... Y es hacerlo el día 1 de enero con el agravante extra de hacerlo encima como equipo visitante. Eso le ocurrió al Racing en la temporada 1960/1961 y además el adversario era un Real Madrid que dominaba el fútbol mundial. Para colmo de males el viaje a la capital del conjunto cántabro fue muy accidentado. El autobús del Racing pinchó en el alto de Somosierra y los jugadores tuvieron que apearse y permanecer bastante tiempo a la intemperie bajo la lluvia y con temperaturas bastante bajas. Eran otros tiempos. Llegaron a Madrid con diez horas de retraso. Ni fiesta ni resaca.

Pese a ser fecha festiva hubo unos 70.000 espectadores en el Santiago Bernabéu y el Racing perdió por goleada: 4-0. Eso sí, el encuentro fue más disputado de lo que reflejó el marcador final.

Piñol se tira a los pies de Puskas en un Real Madrid-Racing disputado el 1 de enero de 1961

Al descanso, el entonces pentacampeón de Europa solamente ganaba 1-0 con un gol de Puskas a pase de Paco Gento. El delantero magiar falló un penalti y hasta la recta final del encuentro no llegaron el resto de tantos, también con autores ilustres: Alfredo Di Stéfano y un par de Luis del Sol.

El Racing no está para jugar un 1 de enero, así no se puede comenzar un año… Aquel terminó con descenso para celebrar las Bodas de oro del club. Eso es una resaca de Año Nuevo. En los años ochenta hubo un encuentro navideño cerca de estas fechas señaladas y la directiva decidió concentrar al equipo en un conocido hotel santanderino… Varios jugadores no estaban dispuestos a perderse el jolgorio y compraron bolsas de cotillón, botellas de alcohol y… Fuegos artificiales. El establecimiento casi se quema y hubo multazo para reparar los daños causados.

En los primeros tiempos del fútbol en Santander también se jugaron amistosos durante las fiestas navideñas y además fueron los primeros encuentros internacionales para el Racing. En 1919 debido al parón en las escasas competiciones oficiales, el club santanderino quiso atender la gran demanda de fútbol que ya había entonces en la ciudad trayendo a conjuntos de otros lares.

El final de la I Guerra Mundial abrió la posibilidad de traer a Santander a equipos extranjeros que mostrasen otros estilos de fútbol de los que aprender y con los que competir.

Evidentemente, lo más cercano era Francia. El primer partido internacional de los racinguistas se celebró el 25 de diciembre ante el La Vie au Grand Air du Medoc, campeón galo en 1912, 1913 y 1914. Pese a la fama del conjunto de Burdeos, los montañeses ganaron 4 a 2. Dos días después visitaría Santander el último campeón de Suiza, el F.C. L'Etoile de la Chaux de Fonds, que también había logrado el título de su país en 1916. Los helvéticos derrotaron al Racing por 1 a 2 con unos Campos de Sport llenos hasta la bandera. La prensa lo calificó como «el mejor y más noble encuentro de la temporada». Este tipo de partidos internacionales serían una constante en los años siguientes. Lo habitual era enfrentarse un mínimo de dos encuentros para aprovechar el viaje, aunque en ocasiones se enfrentaron hasta en cuatro envites consecutivos como ocurrió con el Hartlepool inglés. También era habitual que la plantilla se reforzase con futbolistas de otros clubes cercanos o que estuviesen de paso en la ciudad.

Estos duelos no siempre eran un éxito económico ni mucho menos. Por ejemplo, los cuatro partidos ante el Hartlepool United F.C. y los dos ante el St. Mirren escocés arrojaron unas pérdidas de 3.069,25 pesetas. La lista de equipos extranjeros que pasaron en aquellos años veinte por Santander es muy larga y exótica: Núremberg, Imperio Lisboa, SV Fürth, Essener Turnerbund, FTK Budapest, Nelson, Gradjaski de Zagreb, Chechik Karlin, Meteor de Praga o el Neuchatel de Suiza, entre otros

Los futbolistas Ramón Bláquez, Rafa de Vicente, Álvaro Cejudo y Jordi Figueras celebran el 9210 en 2019 con una fiesta en casa del central catalán. El otro es Esteban Pérez-Estrada, un amigo de Cejudo.

La ruta del Cares y el Racing

La ruta del Cares es uno de los senderos de montaña más visitados del país —unos 250.000 personas al año lo recorren— y uno de los más conocidos. Esta garganta natural es un emblema del Parque Nacional de los Picos de Europa que comparten Cantabria, Asturias y León. Lo que pocos conocen es su vinculación a un equipo de fútbol: el Racing de Santander.

De los chavales que fundaron el club santanderino en 1913 posiblemente el mejor futbolista del grupo fuera Mariano Zubizarreta. Quizá por eso, con 16 años, fue elegido por el resto como el primer capitán racinguista y también se convirtió en el primer goleador de la historia del club.

El joven comenzó a trabajar de topógrafo y nada menos que en la senda de la ruta del Cares y el canal Caín-Camarmeña. En realidad había estudiado para perito y sus conocimientos de topografía los obtuvo gracias a unas prácticas realizadas en los Jardines de Piquío durante sus estudios universitarios. Cuando le contrató Electra de Viesgo para este enorme proyecto, su padre, Valentín, con buen criterio le pidió a un amigo suyo topógrafo de la Diputación que le diera unas clases particulares rápidas. Fue un gran alumno.

Por su trabajo en pleno corazón de los Picos de Europa tuvo que abandonar el fútbol durante más de dos años. Cuando pasó a dormir en Bárcena logró regresar al Racing. Salía los sábados por la tarde en moto para jugar los partidos de casa y el domingo, ya bien entrada la noche, llegaba de nuevo a Bárcena. El entrenador irlandés Patrick O'Conell decidió finalmente no alinearle, pese a su buen estado de forma, porque no podía acudir a ningún entrenamiento.

Atestigua la gran condición física que tenía Mariano Zubizarreta en la época de la fundación del Racing el hecho de que junto a otros dos o tres muchachos nadaban hasta el centro de la bahía y allí se agarraban a las cadenas de las anclas de los buques fondeados para descansar un poco. Posteriormente regresaban a los muelles en una travesía de más de dos horas a nado. Y eso que en aquellos años el estilo de natación no estaba demasiado perfeccionado. Se nadaba a braza, aunque de costado. Un estilo conocido como 'brazada india'.

El primer capitán racinguista nació en Burgos, de padre vizcaíno y madre burgalesa, pero siendo muy joven su familia ya se instaló en Santander porque su padre, constructor, había conseguido un contrato para edificar un convento en la ciudad, el de las Salesas. Una parte de lo que fue el edificio lo ocupan ahora los juzgados por los que pasó cierto presidente racinguista encausado por su gestión de la entidad.

Mario Zubizarreta figura en la historia del Racing como el primer goleador gracias al tanto que le marcó al Strong el 23 de febrero de 1913. El Racing perdió 2-1, pero nada iba ya a parar el ímpetu de aquel grupo de jóvenes que decidió formar su propio club.

Actualmente en la ruta del Cares se puede ver en la cartelería el nombre del excapitán del Racing ya que cedió las fotografías que realizó durante la construcción del sendero. Quizá su amigo Álvaro Zubieta, otro de los fundadores del club y fotógrafo pionero, le asesoró en esta disciplina de la captura de instantes para la eternidad.

Aunque la travesía de 12 kilómetros que separa Poncebos y Caín, Asturias y León, no es territorio cántabro es un orgullo recordar que un racinguista tuvo mucho que ver en aquella titánica construcción que permite hoy en día a miles de turistas disfrutar de un entorno tan espectacular como el mejor gol.

La gira del Saint Mirren

En 1922 el Saint Mirren, campeón de Escocia, llegó a España contratado para jugar contra el Fútbol Club Barcelona en la inauguración del nuevo campo del conjunto azulgrana: Les Corts. El club escocés decidió realizar una gira más amplia para amortizar el desplazamiento y jugó un total de siete encuentros: dos contra el Barcelona, otro contra el Notts County también en Les Corts, dos contra una Selección del Norte de España (que era en realidad el Racing con algún refuerzo) y dos contra el Sporting de Gijón.

En el St. Mirren jugaba Duncan *Dunky* Walker, delantero famoso de la época, que justo en la temporada anterior al viaje por España había marcado 45 goles en 38 partidos ligueros, un récord que todavía permanece vigente en el campeonato escocés... Y que será insuperable, seguramente. Además, anotó otros 11 goles en cuatro partidos de Copa. En aquellos años todavía no existía un galardón como la Bota de Oro para el máximo goleador de todos los campeonatos europeos, pero lo hubiese ganado el atacante escocés.

Los Santos, así se conoce a los futbolistas del St. Mirren, perdieron los dos partidos contra el Barça (2-1 y 1-0) que fueron la previa a la inauguración del estadio ya que cuando se disputaron estos dos encuentros el recinto todavía estaba en obras. El plato fuerte de la inauguración de Les Cort fue el duelo entre los escoceses y el Notts County inglés con una Copa donada por el FC Barcelona en juego. Entonces el fútbol británico estaba mitificado y se le consideraba muy superior al que se practicaba en el continente. Algo así como la NBA y el baloncesto en los ochenta. El St. Mirren venció 2 a 1 en un partido épico disputado con un calor insoportable y que tuvo 30 minutos de prórroga. Los dos tantos fueron obra de Dunky Walker, el último, el de la victoria, en el minuto 120. A la estrella goleadora de Escocia ya la esperaban en El Sardinero con ganas.

En el viaje en tren desde Barcelona a Santander la expedición escocesa estuvo a punto de ser detenida por la Guardia Civil. En una de las largas paradas, el intérprete del St. Mirren se había alejado de la estación para comprar algo de bebida que refrescase al equipo ya que continuaba azotando al país una ola de calor pegajoso en aquel mes de mayo. Los jugadores se habían quitado las botas y los calcetines y trataban de airearse por el tren. Una pareja de la Benemérita comenzó a increparles y ninguna de las dos partes entendía nada... Hasta el punto en que los futbolistas terminaron encañonados por los rifles de la pareja de la Guardia Civil. Entre gestos y con cierto pánico, uno de los jugadores tuvo la idea de mostrarles el trofeo que habían ganado en Barcelona y un balón. El lenguaje del fútbol es internacional y se arregló el entuerto. Cuando el intérprete regresó terminó de aclararse del todo la absurda situación: los agentes entendían que era indecente quitarse el calzado en público y habían pensado que eran un grupo de vagabundos. Reanudaron el viaje hacia Santander, eso sí, debidamente calzados y con el susto en el cuerpo.

El 28 de mayo de 1922 se disputó el primero de los partidos entre la Selección del Norte de España y el St. Mirren. En realidad era el Racing de Santander reforzado con Félix Sesúmaga, exjugador del Arenas y del Barcelona, que estaba entrenando al Racing de Sama. Anunciar el partido con esa ampulosa denominación era un ardid para atraer al público. Los escoceses ganaron 2 a 3 pese a sufrir un arbitraje muy casero.

En el segundo partido, disputado dos días después, el árbitro fue todavía más perjudicial con los foráneos, un diablo para *los santos*. El Racing se reforzó con Zabala, Barril y Ricardo Álvarez, futbolistas de prestigio nacional, además de la presencia de Sesúmaga. Los escoceses iban ganando cómodamente por 0 a 2 en la segunda mitad cuando se señaló un penalti a favor de los montañeses, que recortaron la diferencia transformando la pena máxima: 1-2. A punto de terminar la contienda, el colegiado volvió a señalar otro penalti a favor del Racing. En esta segunda ocasión Jock Bradford logró atajar el disparo desde los once metros.

Habían transcurrido más de 90 minutos y de nuevo el St. Mirren vio cómo le señalaban un nuevo penalti bastante discutible. Los futbolistas escoceses abandonaron el campo al entender que ya se había jugado más del tiempo reglamentario. Finalmente, se les pudo convencer de que regresaran al terreno de juego para disputar el añadido del árbitro y que se lanzase el penalti pitado, que fue tirado fuera por el Racing... Según la prensa local a propósito y como muestra de cortesía hacia los visitantes.

Todavía se jugaron algo más de diez minutos adicionales cuando de nuevo se señaló otro penalti más que dudoso. *Los Santos* tuvieron la paciencia de Job. Bradford logró despejar el esférico, pero tras el rechace, el Racing marcó el empate a dos tantos. Ya con el público satisfecho por las tablas, el colegiado decretó el final del choque. Las crónicas de la prensa de Santander elogiaron el gran juego del Racing y destacaron que los montañeses merecieron la victoria... La objetividad no estaba de moda. En los periódicos equivocaron el apellido de Walker llamándole Walter.

Dunky Walker

El club escocés terminó su gira en Gijón ganando al Sporting por goleada: 3-7, nada menos que con seis goles de Walker, y perdieron 4-1 el último de los partidos. Dunky volvió a ser el máximo goleador de Escocia esa temporada anotando 21 tantos. La campaña siguiente recalaría en el Nottingham Forest inglés que pagó por él 2.225 libras esterlinas en mayo de 1923, un récord en la época. Logró 17 goles en su primera temporada, pero las lesiones y los marcajes durísimos que sufrió comenzaron a hacerle mella en su físico. Una lesión de rodilla le lastró ya hasta el final de su carrera. Falleció en 1963.

Un presidente de altos vuelos

La saga de los Pombo está íntimamente ligada a Santander, así que no resulta demasiado extraño que la familia haya entrecruzado su camino con el del club de fútbol de la ciudad a lo largo de los años y las generaciones. De hecho, el Racing nace en la plazuela, actualmente ya plaza, que lleva el nombre de la familia. Juan Pombo Conejo, primer marqués de la Casa Pombo y el gran empresario que amplió el patrimonio familiar, cedió aquellos terrenos a la ciudad a cambio de que nunca se edificara en ellos y toda la zona quedó presidida por su palacio, que es hoy la sede del Club de Regatas.

Uno de los nietos del primer marqués, Juan Pombo Ybarra, se convirtió en 1920 en presidente del Racing, un dirigente de altos vuelos y no sólo por su amistad personal con Alfonso XIII. Juan Pombo había sido el primer piloto en realizar el vuelo entre Santander y Madrid en 1913... El año de fundación del club de fútbol santanderino. A Juan Pombo le encantaban los deportes: fue regatista con balandros, juez de polo, participó en carreras de caballos, boxeador, practicaba el tiro de pichón, la caza, la esgrima, corrió en automóviles de competición o habitual compañero de tenis de Alfonso XIII.

Juan Pombo Ibarra, en 1914.

La pasión por el Racing y por volar se mantuvo en la familia. Dos de sus cinco hijos, Teodosio y Juan Ignacio, siguieron sus pasos en la aviación y posteriormente varios nietos.

Su hijo Juan Ignacio nació en 1913 y es el más recordado por protagonizar el último gran vuelo de la aviación española cuando aquello era una aventura muy arriesgada. El 13 de mayo de 1935, a las trece horas y cuarenta y cinco minutos, desde el aeródromo de La Albericia –bastante cerca de donde entrena actualmente el Racing–, y con solamente 21 años, partió con la idea de unir Santander con la capital de México. Nadie lo había conseguido antes. Como explicaba el propio Juan Ignacio: "No intentaba batir ningún récord, sino, poner un lazo de unión y afectos entre el alma española y el espíritu de los pueblos iberoamericanos y que durante mi travesía el pensamiento se remonte hasta aquí, mi tierra de Cantabria". La avioneta se llamaba Santander y estaba pintada de azul y blanco.

No era su primera aventura. En 1932, con 19 años, dio la vuelta a España en avioneta realizando publicidad aérea y promocionando el veraneo santanderino… Y es que con 15 años ya pilotaba con maestría enseñado por su hermano Teodosio.

Los Pombo habían amasado su fortuna, nunca mejor dicho, gracias a la harina, aunque ya los hijos del primer marqués abandonaron esta actividad para centrarse principalmente en la explotación turística de las playas de El Sardinero y su casino. Juan Pombo Ybarra habrá sido uno de los presidentes del club más elegantes de la historia, era todo un dandy, pero cuando su hijo logró la gesta con la avioneta Santander de atravesar el Atlántico ya estaba arruinado. Murió en 1939 refugiado en el Decanato del Cuerpo Diplomático de Madrid para eludir la persecución por sus ideas políticas. En una ocasión fue su lujoso automóvil –un Hispano Suiza de 15 caballos– el que sirvió de refugio para el árbitro vizcaíno Juan Arzuaga tras validar un gol con la mano del famoso Pichichi en el Sardinero. Pombo protegió al colegiado y a algunos de los futbolistas del Athletic de las iras de más de 5.000 aficionados. Era un caballero en todos los aspectos y no solo en su manera de vestir.

En otra ocasión, tras un partido en Guecho contra el Arenas, que finalizó con tablas en el marcador, el presidente Juan Pombo decidió invitar a los futbolistas a unas botellas de champán en la parada realizada en Castro Urdiales. Aquel heroico empate sabía a victoria y había que celebrarlo. Los Pombo podían permitirse ser espléndidos y no les faltaba dinero en el bolsillo... Aunque quizá por ello la fortuna familiar menguó a la carrera.

Al emprender de nuevo el viaje desde Castro al autobús, que conducía el propio presidente –fue uno de los pioneros del automovilismo en España– se le rompió una biela arruinando todo el ambiente festivo... Cuando desde Santander llegaron los coches para recoger a la expedición racinguista se encontraron al grupo en el Alto de Liendo caminando y cantando. ¡Habían recorrido 16 kilómetros a pie pese al partido y a la juerga! Todavía les quedó tiempo para una cena festiva en Santander.

Juan Pombo Ybarra no fue el único Pombo presidente del Racing, su hermano Fernando lo fue desde 1928 a 1933. Llegó a la presidencia con 48 años el 12 de noviembre de 1928. Había sido uno de los pioneros del fútbol de Santander formando parte en 1902 del histórico Cantabria F.C. y también un destacado practicante de otras disciplinas deportivas como el tiro al pichón o regatista de embarcaciones a vela.

Un hijo de Juan Pombo Ybarra y sobrino de Fernando, Rafael Pombo Alonso-Pesquera, se convertiría en 1940 en el tercer presidente del Racing en la familia. Tenía 32 años y era militar de carrera, comandante cuando fue designado presidente. Era un consumado jinete hípico, gran jugador de polo y también aficionado al automovilismo. Estuvo en el cargo hasta 1942 y le tocó vivir el primer descenso a Segunda de la historia del club.

Pero los Pombo todavía tienen otro presidente más, Luis Pombo Noriega que tuvo un paso fugaz por el máximo cargo del club durante la temporada 47/48, aunque ya había sido directivo de la junta anterior. También fue guardameta del Racing en la temporada de 1924. Curiosamente dejó el fútbol por una lesión que le causó un choque fortuito con su compañero y amigo Ramón Santiuste, al que sucedió como presidente racinguista. El exitoso empresario murió repentinamente a los 42 años tras hacer un gran trabajo al frente de la institución futbolística. En octubre de 1948 la directiva creó la Medalla de oro al mérito deportivo para premiar a las personas que hubiesen trabajado eficazmente en beneficio del Racing y se le concedió la primera de la historia del club a título póstumo. Se le entregó en un acto sencillo e íntimo a su viuda.

Dentro de la saga no podemos olvidarnos de Pablo Pombo Quintana, apodado *el Chaval*, sin duda, el mejor futbolista de la familia.

Ha sido uno de los jugadores que más joven ha debutado con el primer equipo de la historia, con 17 años, de ahí su apodo. Cuando llegó al Racing procedente del Santoña, presidía el club José María Cossío, que era además familia suya por vía materna. Militó en el Racing desde 1933 a 1936 y de 1938 a 1945, con el obligado parón a causa de la Guerra Civil. Disputó 124 partidos en los que anotó 54 goles. Es de los pocos que ha jugado en tres categorías con el Racing. En la campaña 33/34 marcó 11 goles en 14 partidos y el club santanderino logró un meritorio tercer puesto en Primera División. Solamente Ansu Fati ha logrado igualar el récord de Pombo de marcar 11 goles en Primera antes de cumplir la mayoría de edad… Y habían pasado 86 años.

Es muy recordaba una anécdota suya cuando militaba en el Jerez. El domingo 8 de octubre de 1950 el equipo gaditano se enfrentaba al Betis en Segunda División y la víspera del encuentro el técnico jerezano, Pepe Mesa, había declarado que tenía muchos problemas para confeccionar un equipo de garantías, especialmente en la delantera: «Hasta el punto de que tendré que poner de ariete a Pombo, pese a que no está en su mejor momento». El Jerez C.D. le ganó 5-0 al Betis… con cinco goles de Pablo Pombo.

Amistosos frente al San Lorenzo y el Hungaria

El domingo 19 de febrero de 1950 la ciudad de Santander amaneció alborotada. Ya se llevaba hablando del PARTIDO muchos días e incluso se había aplazado la jornada liguera para que se pudiera disputar el encuentro amistoso que todo el mundo anhelaba. La expectación era tremenda en toda la región ante la visita del San Lorenzo de Almagro, una escuadra que lucía una gran fama internacional y que se medía nada menos que al Racing de Alsúa, que sería esa temporada campeón de la Segunda División de calle y la gran revelación en la Copa remontando un 4-1 al FC Barcelona y cayendo en los cuartos de final ante el Valencia de manera sorpresiva después de haber ganado 3-0 en la ida. El conjunto santanderino era la sensación del fútbol español pese a no militar en la máxima categoría.

Decían que los argentinos eran el mejor equipo del mundo, nada menos. Exageraban. Era el acontecimiento del año para todos los aficionados y más en una época sin tantas competiciones internacionales ni partidos en televisión a todas horas. Nadie quería perderse la cita. Tampoco Ángel Barreda, dentista que vivía en San Román, en el Valle de Santa María de Cayón, y que ya tenía comprada su entrada. Pero Ángel tenía un problema y una gran preocupación durante toda la semana. Su mujer, Escelia Presmanes, estaba a punto de dar a luz y su marido se temía lo peor, que el parto fuese a coincidir con el encuentro del Racing que tanto deseaba presenciar. Incluso bromeaba esos días con bautizar al bebé como Lorenzo, si era niño, en honor del club porteño. Aunque el matrimonio prefería que fuese una niña, por aquello de que tenían ya dos vástagos varones.

Al final, justo la noche antes del partido nació un niño. Tal vez, Escelia rompió aguas por los nervios al saber que su marido la cambiaba por el Racing. Los partos en 1950 se parecían poco a los de ahora y eran mucho más peligrosos. La matrona bajó al salón de la casona montañesa para informar de que todo había salido bien. Allí estaba Ángel jugando al ajedrez con otro médico de la zona, García de la Mora. Se alegró mucho por el nuevo miembro de la familia y también porque podría ir a ver el partidazo.

Entonces llegar a Santander les llevaba bastante tiempo. No hacía tantos años que tenían que desplazarse en coche de caballos hasta la parada del tren de Ontaneda como principal medio de transporte. Incluso llegaron a ir a ver un partido del Racing a Bilbao en bicicleta, ida y vuelta en el día... Y tampoco eran las ligeras bicis de la actualidad.

A las cinco menos veinte de la tarde con un sol brillante y una temperatura más propia del verano comenzó el duelo entre racinguistas y leprosos. Un auténtico espectáculo entre dos equipos que bordaban el fútbol tejiendo jugadas increíbles. Rial, Silva, Resquín, Ángel Zubieta, Reggi, Mario Pappa o Mirko Blazina jugaron con los Cuervos; Ortega, Mariano, Echeveste, Alsúa o Joseíto se alinearon con los racinguistas.

Sin embargo, el gran protagonista de la contienda fue el árbitro asturiano Fombona, que escamoteó la victoria de los montañeses con una penosa actuación. Al final, el marcador reflejó un 2-3 definitivo que no se correspondió con la sensación de victoria de los aficionados y jugadores racinguistas.

Ángel Barreda tuvo que aguantar el resto de su vida que su mujer le echara en cara aquella fuga futbolera. «Tienes mucha cara, que me dejaste tirada por el San Lorenzo y el Racing», le recordaba de vez en cuando. A sus hijos siempre les dijo que mereció la pena, que había sido el mejor partido que había visto en su vida. Y vio muchos. Cuando se trasladaron a vivir a Santander el padre hizo socios a sus tres hijos que siguieron durante décadas las evoluciones de la escuadra racinguista. El niño no se llamó Lorenzo sino Jaime... El dentista bromeaba diciendo que terminó tan enfadado con el arbitraje de Fombona y la derrota ante los argentinos que había cambiado de opinión respecto a bautizarle con ese nombre.

El fútbol combinativo que practicaba entonces el San Lorenzo de Almagro no se veía entonces habitualmente en España y por eso gustaba tanto. Era el famoso equipo de «el gol es un pase a la red». Eso sí, ya no era el gran conjunto que había deslumbrado en su gira europea de 1947 y había logrado el título argentino en el 46. El club había perdido a figuras como Rinaldo Martino, fichado por la Juventus de Turín, y al central Basso, fichado por el Inter de Milán. Otros jugadores habían emigrado al pujante fútbol colombiano. En 1950 solamente pudieron ser quintos en la competición argentina y cuartos un año antes, eso sí, era una liga con mucho más nivel que la actual. La gira europea, de 13 partidos, también les lastró bastante el rendimiento. Eran sucesiones de partidos y viajes extenuantes.

De hecho el Racing se iba a enfrentar en principio al Newell's Old Boys, pero *los Leprosos* alegaron cansancio y rompieron su compromiso con los santanderinos. Fue la Federación española la que medió para encontrar otro adversario. Los dirigentes del San Lorenzo pusieron muchas pegas para medirse al Racing porque no querían medirse a un equipo de Segunda División. Alegaban que podría afectar a su prestigio si perdían. Las negociaciones fueron arduas e incluso se aplazó el siguiente partido liguero de los racinguistas, que era ante la Gimnástica de Torrelavega, para disputar el amistoso ante los argentinos.

El San Lorenzo de Almagro ya había disputado otros once amistosos antes de viajar a Santander y habían perdido un par de ellos: ante el Real Madrid (1-0) y ante la selección de Canarias (4-2). Cabe matizar que en ese encuentro ante los isleños habían alineado a los futbolistas menos habituales.

En la gira habían comenzado derrotando al Barcelona (2-3) y al Athletic de Bilbao (2-3), luego en la capital empataron con el Atlético (3-3) y perdieron ante el Real (1-0). Posteriormente igualaron con el Valencia (2-2) y perdieron con los canarios (4-2). Se marcharon a Portugal donde golearon a los gallitos lusos: Benfica (2-5), Sporting (1-3) y Oporto (0-1).En Bruselas ganaron a un combinado local (0-2) y golearon a otra selección de futbolistas de Lieja (1-6), once días antes del partido de Santander. Cuatro días después de jugar en El Sardinero todavía disputaron otro encuentro más ante un combinado catalán denominado Cataluña-Levante que solamente jugó ese único encuentro en toda la historia y los argentinos perdieron 2 a 1. Era un equipo potente con jugadores del Valencia, Barcelona y Espanyol. En aquella época era habitual ese tipo de selecciones locales o mezclas de jugadores para amistosos.

En Santander se recordó mucho antes del partido que era el equipo que había derrotado a la selección española... Era cierto en parte. Había sido en la anterior gira del equipo, la de 1947. Derrotaron 5-7 a España y 4-10 a Portugal. En esa primera gira solamente perdieron un encuentro de diez, ante el Real Madrid (4-1), empataron cuatro y ganaron cinco.

Regresando al encuentro ante el Racing de Santander el duelo comenzó trepidante con un disparo lejano de Roberto Resquin en los primeros compases que se estrelló en el larguero. Poco después el mismo jugador lo volvió a intentar con otro chut similar en la distancia pero raso y logró batir al canario Ortega. Rafael Alsúa envió un pase en profundidad a Joseíto y el zamorano marcó el empate. ¡Todo en ocho minutos!

Estaba claro que los argentinos no querían perder ante un equipo de Segunda y se aplicaban al máximo. Los amistosos no eran entonces como ahora. Una entrada brutal sobre Joseíto desencadenó una pequeña tangana. El partido se puso tenso y violento. Cuando quedaban cuatro minutos para el final de la primera parte Mariano sorteó a varios defensores argentinos y cedió a Echeveste para que el vasco fusilase a Mierko Blazina desde cerca. El cancerbero de origen balcánico nació en Gorizia, una ciudad fronteriza entre Italia y Eslovenia, aunque emigró muy joven a Argentina.

El Racing se ponía por delante en el marcador con una afición eufórica que abarrotaba el estadio hasta la bandera.

El San Lorenzo salió muy motivado tras su paso por el vestuario y puso cerco a la portería local. En la alineación del conjunto argentino figuraban futbolistas de la talla de Héctor Rial –campeón cinco veces de la Copa de Europa posteriormente en el Real Madrid–, Silva, Eduardo Reggi y Ángel Zubieta, el hermano pequeño del que fuera jugador racinguista Santi Zubieta. Ángel fue dos veces internacional con España.

Con el San Lorenzo volcado en ataque el árbitro anuló un gol a Mariano por fuera de juego al Racing, que según todas las crómicas no era ilegal por mucha distancia. El arbitraje del asturiano Fombona, que era colegiado internacional, comenzó a ser demasiado parcial y a favorecer descaradamente a los sudamericanos para enfado de la grada. Esto descentró un poco al Racing y en un fallo defensivo de Lorín, el extremo izquierdo Óscar Silva quedó libre para marcar el gol del empate con un volea que trazó parábola inverosímil.

Tanto el Racing como el San Lorenzo desplegaron un gran juego hasta que en el minuto 64 Mario Pappa robó el balón al portero Ortega en una falta flagrante al cancerbero y anotó el 2-3. El ariete argentino fue el máximo goleador del torneo argentino en 1950 anotando 24 dianas. Pensando en el San Lorenzo de Almagro a todos se les viene a cabeza otro "Pappa": el Sumo Pontífice, el Papa Francisco es un declarado seguidor de este club, lo mismo que el actor Viggo Mortensen.

El partido siguió muy emocionante con ocasiones para ambos conjuntos, aunque no hubo más goles. El árbitro Fombona escamoteó una victoria épica al Racing o al menos un empate que mereció sobradamente. Un periódico local tituló acertadamente su crónica como «Fombona 3 – Racing 2». Por ejemplo, en el amistoso que disputaron ante el Valencia el árbitro fue el inglés Hartle.

A pesar de aquel mal sabor de boca dejado por el trencilla asturiano realmente fue como si el equipo montañés hubiese ganado. El público despidió al equipo puesto en pie y ovacionando a sus jugadores. La gente se marchaba feliz para casa tras haber visto un partido tan intenso y de buen juego. El amistoso todavía se recordó durante décadas y muchos abonados aseguraban que fue el mejor partido que habían visto en su vida en El Sardinero.

Racing, 2: *Ortega; Felipe, Amorebieta; Ruiz, Herrero, Elizondo; Nemes, Joseíto, Mariano, Alsúa, Echeveste.*

San Lorenzo, 3: *Blazina; Martínez, González; Zubieta, Resquin, Berterame; Reggi, Pappa, Uñate, Rial, Silva.*

El éxito tremendo que tuvo el partido ante el San Lorenzo de Almagro animó a la directiva del Racing a programar ese mismo año un nuevo amistoso ante otro de los conjuntos internacionales más prestigiosos: el Hungaria. El rival era un equipo formado por exiliados de los países del Este que habían caído bajo el control soviético, principalmente húngaros, pero también eslovacos, rumanos, balcánicos o hasta un portero italiano. De hecho, la base del equipo de refugiados estuvo en Cinecittá, cerca de Roma, aunque los veranos de 1949 y de 1950 los pasaron en Manacor para realizar una gira por España invitados por el Real Madrid. Lo contó Kubala en varias entrevistas: «Estábamos en un campo de concentración de Roma y formamos el Hungaria para reunir algún dinero y ayudar a la familia. El Real Madrid nos había organizado la gira por España con la condición de quedarse con el jugador que les gustase. Quisieron ficharme, pero José Samitier fue más listo y cuando jugamos en Les Corts me hizo firmar un contrato por el Barcelona en principio para jugar amistosos, ya que estaba sancionado por la FIFA. Me daban ocho mil pesetas al mes y trajeron a mi mujer, Violeta Daucikova, hermana de Fernando Daucik, con la que me casé en 1946 y he tenido tres hijos». Era el futbolista mejor pagado de la época y poco después de firmar aquel fabuloso contrato vino a Santander. El Hungaria no era reconocido por la FIFA y la Federación Húngara prohibía cualquier actividad de estos jugadores que habían huido sin permiso del país y de sus respectivos equipos... Eso les costó una sanción de dos años sin poder actuar en partidos oficiales. Hasta 1954 no se pudo regularizar la situación de Kubala, que se fue trampeando en España. Por ejemplo, su contrato era de aficionado y se le pagaba por conceptos como "estímulo y alimentación" o el alquiler de la vivienda.

El encuentro con el Racing quedó fijado para la festividad de San Pedro, el jueves 29 de junio de 1950, ya con el ascenso a Primera en la mochila de los racinguistas. El partido se promocionó con la emotiva etiqueta de 'Homenaje a la afición montañesa y al equipo'. Una manera de poner el colofón a una campaña histórica. Las entradas en General costaban 8 pesetas, 15 en Preferencia y 30 en Tribuna. Los socios pasaban por taquilla dado el carácter internacional de la cita. El Racing siempre vive con esa necesidad perentoria de recaudar fondos.

Antes del choque ante el Hungaria, a las tres y media, el filial, el Juventud Real Santander entrenado por Germán, que había quedado subcampeón del Trofeo Federación y ascendido a Tercera, se presentó ante los aficionados midiéndose al Acero Bilbao. Los vizcaínos dieron un buen repaso a los santanderinos y vencieron 0-3, con dos tantos de Cartucho y uno de Iriarte.

A las cinco de la tarde comenzó el partido entre el entonces Real Santander y el Hungaria con el arbitraje de Paco Bienzobas. El equipo de exiliados venía de ganar al Deportivo, subcampeón de Liga, en La Coruña 1-2, y se comentaba mucho en la ciudad que habían sido capaces de doblegar a la mismísima selección española justo antes de partir hacia Río de Janeiro para disputar el Mundial. Era cierto que el Hungaria había ganado 1-2 a España, pero en las sucesivas revanchas había perdido 6-3 y 6-4, aunque no dejaron de ser meros entrenamientos sin carácter oficial.

España en esa fecha acababa de ganar a Chile 2-0 y encabezaba su grupo del Mundial de Brasil, en el que acabó cuarta. El Hungaria había sido muy bien recibido en nuestro país, donde se les trataba como héroes que luchaban contra el comunismo. El presidente del Racing, Manuel San Martín, era un hombre muy ligado al franquismo, así que estaba encantado de poder traer al Hungaria.

El primer amistoso lo disputaron contra el club blanco el 4 de junio y perdieron 4-2. Después jugaron los tres partidos consecutivos contra la selección y viajaron a Barcelona para derrotar al Español 2-4. Allí Kubala marcó un gol de fábula del que se habló durante días. El 25 de junio se midieron al Deportivo para después emprender viaje a Santander.

Laszlo Kubala era la estrella de la escuadra de exiliados, que reunía futbolistas de muy diverso nivel. Muchos de ellos iban encontrando acomodo a lo largo de la gira y se quedaron en España. El central Georg Mogoi, de 1,85, estuvo poco tiempo en el Mallorca en Segunda sin destacar demasiado. Ya en la temporada 50/51 pasó a ser entrenador supliendo a Satur Grech en el conjunto bermellón. No estuvo en Santander porque ya había dejado el Hungaria. Licker y Otto firmaron por el Granada, Szegedi, de 1,95, también estuvo en el Barcelona y acabó su vida entrenando en Australia, Hrotko pasó por el Zaragoza, Nagy militó en la Unión Deportiva Las Palmas, Lakatos en el Logroñés…

Cuando Kubala vino a Santander ya había fichado por el Barcelona, firmó el día 15 de junio, al igual que su entrenador, cuñado y creador del Hungaria, Fernando Daucik, que había exigido un contrato también para él si el club catalán quería llevarse al delantero antes que el Real Madrid. Laszly había tenido que abandonar Hungría disfrazado de soldado ruso dejando atrás a su familia. Desde luego, tenía claro que podía ganarse la vida como profesional del fútbol en Occidente.

El partido ante los magiares generó mucha expectación en Santander, aunque fue un gran fracaso en cuanto a juego. La afición esperaba otra maravilla similar al choque que había enfrentado cuatro meses atrás al Racing con el San Lorenzo de Almagro, pero en esta ocasión no se presenció un espectáculo tan brillante.

El Hungaria no dejó nada inolvidable, salvo un buen trato al balón y una defensa excepcionalmente buena dejando en fuera de juego a los delanteros locales. Poco más pudieron hacer ante un Racing que presentaba una de las mejores alineaciones de su historia y que jugaba de fábula. Era un equipazo de Primera que habían arrasado en la categoría de plata… De hecho protagonizó el fichaje más caro del momento incorporando a Rafa Alsúia de la Real Sociedad, algo insólito para un club que no estaba en la máxima división. Para colmo, la tarde fue tremendamente calurosa, lo que originó cierta desgana en los dos bandos.

Antes de comenzar el presidente del Comité de Competición, Obregón, entregó a Felipe, el capitán racinguista, la Copa de Campeones absolutos de Segunda División y el equipo recibió una gran ovación del público, que no completó el aforo. Se llenó la General, pero no las Tribunas ni la Preferencia.

Kubala jugó la primera parte como extremo izquierdo y Lorín le anuló completamente. En la segunda mitad el futbolista de familia eslovaca, aunque nacido en Hungría, ocupó el centro de la delantera y brilló más, sobre todo porque su marcador Amorebieta se lesionó y tuvo que ser sustituido. El delantero rubio realizó dos o tres jugadas magistrales y anotó el mejor gol del día.

El Hungaria jugaba con pases cortos y rasos, pero creaba poco peligro y sus disparos a puerta no tenían puntería. En el centro del campo se mostraron poco sacrificados y en defensa, sí que destacaron por su colocación y por la manera de emplear la táctica del fuera de juego. No obstante, el árbitro señaló demasiado esa infracción, incluso cuando los racinguistas arrancaban en posición correcta. No fue la única argucia de los magiares, que se mostraron bastante marrulleros.

Ambos equipos actuaron un poco para salir del paso, y pensando en las vacaciones y en la siguiente temporada. El Racing finalizaba la campaña y el Hungaria su gira española.

Rafael Alsúa dejó como siempre algunos destellos de calidad, aunque escasos. Debutó con el Racing Francisco González Madrazo, Paco *el Farol*, que estuvo muy nervioso y desacertado... Unas cuantas semanas antes había deslumbrado con la Gimnástica en el mismo escenario.

Fue un partido muy especial para Nemes, que ejerció esos días de intérprete con sus compatriotas. El húngaro se mostró más combativo y participativo que de costumbre, con ese extra de motivación. Fue su último partido con la escuadra santanderina ya que la siguiente temporada ya jugó con el Real Madrid.

El Racing dominó los primeros minutos y Joseíto tuvo la primera ocasión del encuentro, aunque se le adelantó el balón y no pudo controlarlo para rematar mejor. El delantero castellano solamente jugó la primera mitad a causa de un golpe que había recibido en Alcoy en el último partido de la fase de ascenso. Nemes casi marca el primer tanto para los montañeses, pero Kalmar Lami salvó un tanto casi hecho. Y a la tercera fue la vencida, en el minuto 27 Mariano con un chut tremendo y sorpresivo desde dentro del área logró el primer gol. Un minuto y medio después Joseíto centró desde la línea de fondo y el remate de Alsúa fue desviado por Lami con la cabeza para terminar dentro de su propia portería. Los primeros 45 minutos fueron de dominio racinguista y los locales se retiraron al vestuario ganando 2-0. No era tan temible el Hungaria.

Tras el descanso Madrazo entró por Nemes y Pin por Joseíto en el bando local; en el Hungaria cambiaron de portero, Di Lorenzi sustituyó al croata Zvonko Monsider, que fue internacional tanto con Croacia como con Yugoslavia. A los cinco minutos de la reanudación Kubala recortó distancias en una buena jugada. Amorebieta no podía cubrirle bien debido a un problema físico, pero se mantuvo todavía en el césped algunos minutos más. El central vasco, renqueante, cometió un error garrafal y el protagonista de la película *Los ases buscan la paz* (1955) encaró solo a Ortega en lo que parecía iba a ser un nuevo tanto del atacante rubio. Sin embargo, el portero canario se tiró a los pies del delantero desbaratando la jugada de peligro. Un Racing a medio gas creaba todavía mucho peligro, aunque el Hungaria mejoró su rendimiento en la segunda mitad. Alsúa hizo una de las suyas y dejó un gol en bandeja a Madrazo, que envió fuera el balón con todo a favor originando el consiguiente cabreo del irundarra.

Bárcena tuvo que sustituir al lesionado Amorebieta y entró al césped con tantas ganas que lesionó levemente a dos rivales en sendas entradas. Uno de ellos fue el extremo derecho, Nagy, que estaba siendo uno de los rivales más peligrosos. Su baja dejó ya al Hungaria muy tocado. En el minuto 75 los montañeses sentenciaron la contienda logrando el tercer tanto. Alsúa puso un centro medido que Pin remató a gol. Cinco minutos después, ya con los húngaros rendidos, Felipe arrancó por el carril derecho y puso un gran centro que no acertó a atajar el portero Di Lorenzi, Madrazo falló en primera instancia, pero Echeveste, atento, logró el cuarto tanto para los locales. Con el tiempo cumplido Lazlo Kubala realizó su mejor jugada, dejando claro que era un extraordinario regateador, y anotó el definitivo 4 a 2. El Barça viviría muchos días de gloria gracias a su fichaje.

Kubala atendió a los periodistas con la mediación de Nemes, aunque dijo sentirse muy cansando y fue muy breve. Le sorprendieron favorablemente los racinguistas Elizondo y Alsúa. «Me gustó el Racing. Es muy meritorio su ascenso a Primera y su brillante campaña», dijo. La siguiente temporada Kubala no jugaría ningún partido liguero a causa de una sanción de la FIFA por su huida, pero en la 51/52 regresó a El Sardinero y volvió a marcar un gol, esta vez como azulgrana y en encuentro oficial de Liga. El Barcelona ganó 0-3. En la Ciudad Condal vapulearon a los montañeses 7-1, con triplete del húngaro. El FC Barcelona ganó el título liguero y el Racing evitó el descenso aquella campaña.

Por el Hungaria jugaron en Santander: Monsider (Di Lorenzi), Lami, Totok, Majteny, Ezegey, Hrotko, Kubala, Nagy, Otto, Marik y Turbeky. Salvo Laszlo Kubala, ninguno tuvo una carrera brillante en el fútbol, aunque sí que lograron ser profesionales de cierto nivel unos cuantos y ficharon por equipos de países tan diversos como Colombia, Uruguay, México, España, Italia, Canadá, Chile, Brasil o Estados Unidos. El fútbol húngaro, bajo la dictadura comunista, viviría poco después su época dorada con la medalla de oro en los Juegos Olímpicos de 1952 y el subcampeonato en el Mundial de 1954.

Este fue el último partido como entrenador del Racing del argentino Lino Taioli, que alineó a Ortega, Lorín, Amorebieta (Bárcena), Ruiz, Felipe, Elizondo, Nemes (Madrazo), Joseíto (Pin), Mariano, Alsúa y Echeveste. Pocos días después llegó Antonio Barrios para sentarse en el banquillo racinguista y afrontar el regreso a la Primera División. Taioli, que llegó siendo muy discutido y tuvo un recibiendo muy agrio, demostró con su trabajo que era un gran técnico. Esa temporada fichó por el Murcia.

Alsúa bebiendo al final de un partido

Rafa Alsúa con su habitual chulería resumió así el partido entre el Racing y el Hungaria: «Son muy buenos, pero nosotros somos mejores. Tienen un gran toque de balón, pero son muy marrulleros, dan muchas patadas por lo bajo y son lentos. Ellos juegan a 30 por hora y nosotros a 90». En el 54 coincidiría con Kubala en la selección española que se quedó sin ir al Mundial por sorteo tras disputar tres partidos ante Turquía en la repesca. Entonces no había prórrogas ni penaltis. Un niño italiano desempató sacando un papel de una urna... Una lástima que ni Alsúa ni Kubala jugasen nunca un Mundial. Se especuló con que el irundarra estuvo a punto de ir al de Brasil, pero entre su carácter, su edad, su miedo a volar y a que el Racing estaba en Segunda se quedó en tierra. Y justo en el del 54 se quedó a las puertas...

Aquella temporada de 1949/1950 fue maravillosa para el Racing pese a militar en Segunda División. Se recuperó el orgullo de club y se soñó a lo grande.

Los verdiblancos consiguieron el ascenso como líderes del Grupo Norte de Segunda División con 99 goles en 30 partidos, de los que ganaron 24 y perdieron seis, sin un solo empate. Algunas de las derrotas llegaron ya con todo decidido y dando minutos a los menos habituales para preparar la fase de ascenso. ¡En la jornada 21 el equipo llevaba 20 triunfos! Eso da una pequeña idea de lo que fue aquella campaña de ensueño.

El portero ladrón

La temporada 1957/1958 concluyó con un partido amistoso ante el Osasuna en los Campos de Sport el 21 de junio. El encuentro terminó con empate a uno y sirvió para que debutasen dos futbolistas a prueba: el interior andaluz Jesusín y el famoso portero francés René Vignal. Ambos pretendían firmar con el Racing, aunque ninguno logró convencer en aquel partido a la directiva.

El guardameta galo tenía ya 32 años cuando llegó a Santander y había sufrido en 1954 una gravísima lesión. Se había fracturado un brazo en un choque con Casimir Hnatow, que le cortó su fantástica trayectoria deportiva privándole de participar en el Mundial de Suiza como titular de su selección.

Era tan grande su prestigio en aquel momento, que el diario *L'Equipe* le contrató como comentarista para aquella cita mundialista. Con 29 años se vio obligado a colgar los guantes, aunque siempre quiso volver al fútbol. Necesitaba jugar y quiso intentarlo en España.

René Vignal, con su bigote perfectamente recortado, con un aire despreocupado y desafiante y con las cicatrices y golpes de enfrentarse a los delanteros sin miedo tenía pinta de actor canalla al estilo de Jean Paul Belmondo. Su manera de jugar revolucionó el fútbol francés a finales de los años cuarenta; mientras los otros guardametas se quedaban siempre bajo palos, Vignal salía de una forma que parecía algo alocada, pero resultaba efectiva. Padeció 19 lesiones debido a aquellas cargas de caballería que ponían al público en pie. Era ágil, osado, vistoso...Un portero único. En 1947, con 21 años y tras una gran campaña con el Toulouse le fichó el Racing de París. En la capital ganó la Copa de 1949 y fue finalista en la edición siguiente. El 23 de abril de 1949 debutó con la selección francesa en un partido amistoso ante Holanda en el que los bleu cayeron 4-1 con una pésima actuación del guardameta, que se mostró demasiado impulsivo. Cuatro días después, en Hampden Park la selección del gallo ganó 0 a 2 a Escocia en otro partido amistoso. Vignal atrapó un penalti a Young de manera especta cular y tuvo una actuación antológica que le sirvió para ganarse el apodo de *El francés volador*. Llegó a defender la portería de Francia en 17 ocasiones. Como el Racing de Santander no le contrató ni ningún otro equipo de fútbol y a René Vignal le gustaba la buena vida que había conocido como estrella del deporte: las mujeres, los juegos de azar, los automóviles veloces, el champán, los restaurantes caros... Al futbolista francés le tentó el reverso tenebroso de los negocios. Justo después de aquel último intento de volver al fútbol comenzó su carrera delictiva. No tardaría en ser acusado de proxeneta en Marsella, aunque logró salir absuelto. Vignal formó una variopinta banda de *gangsters* casi de película. La federación gala no le quiso facilitar su carnet de entrenador cuando se lesionó, así que él hizo su propia selección. La banda la formaban ocho miembros que incluían a un profesor de judo, un manipulador de laboratorio o un chófer de reparto... Cada uno tenía sus habilidades. El más veterano y el líder era Vignal, que tenía 45 años cuando fue detenido acusado de corrupción, robos, atracos y extorsiones entre otros delitos.

El juicio a Vignal en 1971

Fue condenado a cumplir 15 años de prisión. En 1969 ya habían realizado 15 atracos a mano armada, incluido uno espectacular en la calle Riquet de Estrasburgo en el que asaltaron, metralleta en mano, la sede del Banco de Escompte. En pocos segundos obtuvieron un botín de casi cinco millones de francos, ante la mirada de decenas de transeúntes. Todavía está considerado como uno de los atracos más espectaculares de la historia delictiva de Francia.

La banda fue detenida de la manera más estúpida. Una madrugada Vignal y sus cómplices decidieron asaltar un supermercado de Burdeos antes de que abriese y olvidaron desconectar la alarma por lo que se vieron rodeados casi de inmediato. El ex portero defendía su carrera criminal: «Yo nunca pegué un tiro». Vignal fue puesto en libertad en 1978 al beneficiarse de una revisión de condena. Su gran amigo Just Fontain, el mítico máximo goleador del Mundial de Suecia disputado en 1958 , declaró a su favor en el juicio. En total, fueron 27 robos a mano armada... Y 17 veces internacional con la selección francesa.

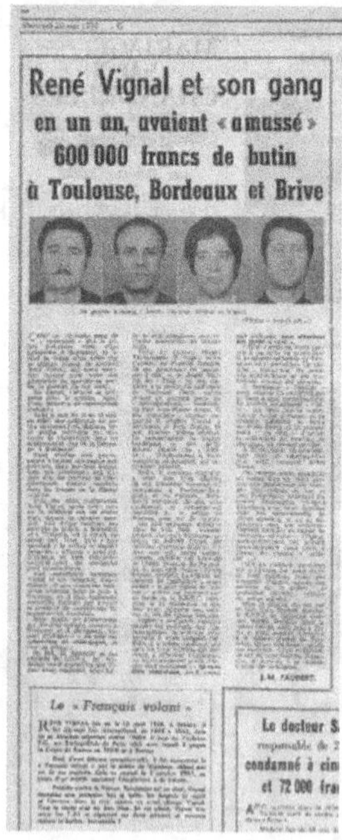

La eterna sonrisa de Mario Regueiro

El uruguayo Mario Regueiro estuvo cinco temporadas en el Racing, desde 2000 a 2005, y siempre con una sonrisa dibujada en el rostro, aunque no fuese tan feliz como aparentaba.

Inocente, tímido, con cara de no haber roto un plato en su vida, no podía ocultar que era buena gente, aunque justo antes de llegar a Santander había pasado nueve días en la cárcel a causa de una pelea multitudinaria que se produjo en el césped de un terreno de juego nada más terminar el clásico charrúa entre el Peñarol y el Nacional de Montevideo. El partido concluyó en empate a uno y precisamente había sido el extremo zurdo el que había logrado el gol del empate para los albos. Otros ocho jugadores y el técnico del Peñarol terminaron también entre rejas acusados por un juez que presenciaba el encuentro en la grada y que actuó de oficio para dar ejemplo al resto del país y fomentar el juego limpio. Un tipo como Mario Regueiro no debería pisar una prisión nunca jamás en este mundo.

El centrocampista uruguayo fichó en el mercado de invierno por los racinguistas y en su primer partido en El Sardinero marcó un golazo nada menos que al Barcelona, al que los cántabros derrotaron 4-0. Era un jugador rapidísimo, que podía jugar de lateral, carrilero o extremo en la banda izquierda. Le faltaba algo de templanza para el gol y el pase, aunque se adivinaban en él las condiciones de un futbolista que podía ser muy grande. Enorme. «¡Vaya fichaje!», murmuraba la grada aquel día de goleada a los catalanes.

Siempre dio la sensación de que Regueiro no terminó de explotar sus virtudes del todo, de alcanzar el nivel de estrella mundial que presagiaban sus primeros éxitos internacionales cuando se proclamó subcampeón del mundo en 1997 con la selección celeste sub-20 en Malasia, pero el veloz futbolista charrúa llegó a disputar un Mundial absoluto, el de 2002, que no es poco, y pudo jugar muchas campañas en la élite. Defendió en 29 ocasiones la camiseta de la selección absoluta. En su palmarés figuran dos campeonatos ligueros con el

Nacional y una Copa con el Cerro en Uruguay. Durante años fue un fijo de la selección charrúa.

Del club montañés se fue al Valencia, un fichaje que terminó en los tribunales. La escuadra santanderina reclamó al club che 1,6 millones de euros, pero en Santander solamente se llegó a cobrar una parte... Allí cuajó dos campañas muy irregulares y una grave lesión hizo que su estancia en Mestalla llegase a su fin con más pena que gloria. Terminó cedido en el Murcia —disputó 23 partidos en Primera con los pimentoneros— y luego en el Aris de Salónica en la temporada 2008/2009. Su paso por Grecia hizo que pensase en regresar a Sudamérica, ya de vivir en el caos que fuese al menos cerca de casa... Y fichó por el Lanús en Argentina. En 2001 estuvo a punto de ganar el Trofeo Apertura con los granates.

Los uruguayos Pablo García y Mario Regueiro

En Sudamérica la vida iba a asestar un golpe mortal a esa felicidad despreocupada que transmitía Mario Regueiro. En 2011 dos de sus sobrinos, de 18 y 19 años, murieron tiroteados en un barrio problemático de la capital de Uruguay. En 2013, nada más fichar por el Racing de Avellaneda, perdió a otra sobrina en un accidente de tráfico. Su hermana no pudo superar la muerte de la pequeña y se suicidó con 43 años. Mario Regueiro cayó en una profunda depresión y abandonó el fútbol rescindiendo su contrato con los racinguistas albicelestes. Tenía 35 años. Afortunadamente, el balón le ayudó a olvidar toda aquella tragedia familiar y regresó a la competición profesional en su país. «El mejor homenaje que le puedo dar a mi hermana es estar dentro de la cancha, volver a reírme, que era donde más le gustaba verme», aseguró una vez recuperado. Firmó con el Defensor Sporting y poco después volvió al Cerro, el equipo con el que había debutado en la máxima categoría del fútbol charrúa. El balón, el fútbol como un juego, le devolvió un poco de la vida que se le había ido con los fallecimientos de varios de sus seres queridos. Estuvo dos años y medio sumido en una profunda depresión bajo tratamiento médico.

El futbolista sudamericano no se consideraba religioso, pero cuando vivía en Cantabria todas las semanas depositaba un ramo de flores a los pies de la Virgen del Carmen en Revilla de Camargo o en alguna otra iglesia si no podía acercarse hasta aquella. En casa eran diez hermanos, siete chicas y tres varones, una familia humilde aunque nunca les faltó de nada.

En 2002 Mario Regueiro, que se prestaba a todo siempre con su amabilidad y simpatía, participó en una carrera ficticia en las pistas de atletismo del Complejo de La Albericia en la que medía su velocidad con *El Coyote racinguista*, un muñeco de peluche que tenía su compañero José Sietes y que servía de mascota en el vestuario. El uruguayo hacía de Correcaminos de los *Looney Tunes* y derrotaba al coyote en aquel reportaje del programa de televisión 'Once más uno' que se emitía en TeleCabarga. El futbolista no había pasado una buena etapa, en Segunda División no contó demasiado para Quique Setién y no se adaptó a jugar con menos espacios en la categoría de plata del fútbol español. Incluso Mario reconoce en esa entrevista que atravesó un momento un poco triste en su vida, aunque todavía no había padecido las duras circunstancias que le reservaba el destino. Pese a todo, no dejó nunca de mostrarnos su mejor cara.

En junio de 2015 Mario Regueiro dejó el fútbol definitivamente y lo hizo por la puerta grande, marcando un gol, precisamente la que siempre fue su asignatura pendiente en Europa. Tenía velocidad, pero le faltaba dar bien ese último pase o finalizar las jugadas con disparos a puerta. En su último partido en activo no falló y su tanto le dio la permanencia en la máxima categoría al Cerro. En este club de Montevideo debutó en 1996 con 18 años. «Fue difícil manejar la emoción. La voz se me estaba quebrando y me aguantaba. Fueron tantos golpes seguidos los últimos dos años que uno se acuerda de la gente que ya no tenés. Ayer se me juntó todo, alegría, emoción y felicidad, pero a la misma vez amargura porque me han tocado vivir situaciones muy pesadas como los familiares que se me han ido en estos últimos dos años», contó emocionado a una radio de su país. «El retiro mío fue muy especial. Si había algo para regalar y el homenaje que le podría hacer a mi hermana era lo de ayer, dejar el club en Primera que tanto ella quería y amaba», señaló el ex jugador del Racing de Santander. La sonrisa de Regueiro es difícil de olvidar y tal vez se recuerda más y mejor que sus goles.

Cuando colgó las botas y después de la depresión y la tragedia familiar montó una juguetería en Montevideo con un elocuente nombre: 'Toy feliz'. Regenta el establecimiento junto con su esposa, pero no duda en atender el negocio detrás del mostrador o envolviendo regalos tal y como contaba al diario Olé: «Fue la mejor decisión que pude tomar. Me ayudó a salir adelante. A mantener la cabeza ocupada. Necesitaba matar el tiempo y no quedarme en casa. No me convencía seguir ligado al deporte y aunque al principio no me gustaba mucho el hecho de envolver juguetes al final es algo que me gusta. Imagínate, envolvía una pelota de fútbol y lo que menos parecía era una pelota. Pasé de patear pelotas a envolverlas». Muchos se acercan a la juguetería para hacerse una foro con él o pedirle un autógrafo, que siempre entrega encantado.

Cuando el Santos ganó al Racing

El Santos Futebol Clube es uno de los equipos más famosos de la historia en gran parte gracias al fabuloso Pelé, que permaneció fiel a esta escuadra la mayor parte de su carrera. El Racing de Santander también se cruzó en el camino del conjunto brasileño en una ocasión y perdió ese único duelo.

El Santos se fundó en 1912, un año antes que la entidad cántabra, y es uno de los pocos clubes que nunca han descendido a la Serie B del Brasileirao. La FIFA lo clasificó como el quinto club más importante del siglo XX. Casi nada. También fue el equipo de eclosión de Neymar o de Diego Ribas, pero nada comparable a lo que supuso tener a Pelé desde 1956 a 1974.

El Racing de Santander se enfrentó al mítico Santos en Pamplona en 1983 y cayó derrotado 2 a 1 en El Sadar. No era ya el gran equipo que había levantado dos Copas Intercontinentales en el 62 y 63 pero justo acababa de llegar a la final del Brasileirao antes de partir de gira por África y Europa para intentar cuadrar las cuentas ya que estaba sumido en una profunda crisis económica. En sus filas tenía un buen puñado de internacionales.

La escuadra brasileña estuvo de gira 20 días con un calendario de partidos y viajes de auténtica locura. Salieron de su país el 12 de agosto con destino a Lisboa. El día 14 el Santos estaba en Congo para enfrentarse allí a un combinado local –ganaron 0 a 2– y al día siguiente jugaron en Brazzaville ante la selección absoluta congoleña y empataron a uno.

El día 21, ya con algo más de descanso, aunque viajar en África puede ser estresante, doblegaron en Yaundé a la selección de Camerún 1 a 2. Cuatro días después estaban jugando en El Sadar ante el Racing y ganaron a los cántabros 1 a 2. Al acabar el partido los jugadores del Racing intercambiaron sus camisetas con los del Santos con cierta emoción. Era un tesoro preciado, entonces era muy complicado conseguir camisetas de equipos de ese perfil. La anécdota fue el cabreo del utillero racinguista, Terio Somonte, que fue persiguiendo a los futbolistas brasileños para deshacer el intercambio uno a uno. Villita canjeó hasta el pantalón y consiguió la equipación completa del famoso club de Pelé, aunque a costa de una broca tremenda de Terio... Fastidiado por no haber podido recuperar todas las camisetas. Eran otros tiempos y el hombre miraba por cada peseta y por cada prenda del Racing como si le fuera la vida en ello.

Al día siguiente el Santos repitió resultado ante el Osasuna y se llevó a Brasil el Trofeo Ciudad de Pamplona. Antes de regresar todavía tuvieron tiempo de un último encuentro en el Luis Casanova de Valencia, el único que perdieron, 2-0, ante el equipo che. En Santos cobró 125.000 dólares por la gira y arregló más o menos sus maltrechas arcas... Para cuadrar las cuentas del todo tuvo que traspasar a su gran rival, el Flamengo, al atacante João Paulo. Fue cuatro veces internacional absoluto con Brasil, aunque siempre en amistosos. Fuera de su país solamente jugó una campaña en Japón siendo ya veterano.

En mayo de 1983, pocos meses antes de la gira, el Flamengo y el Santos habían alcanzado la final nacional de la máxima categoría del fútbol brasileño clasificándose ambos para la Copa Libertadores. Se intuía un duelo épico entre dos grandes escuadras. Los albinegros vencieron el primer envite 2 a 1 en el estadio Morumbi ante 114.481 espectadores.

Pita adelantó a los locales en el minuto 25 con un impresionante zapatazo desde la frontal y Serginho Chulapa marcó el segundo en el 63. Cuatro minutos después el ariete del Fla Baltazar recortó distancias para el Fla. El ariete triunfo después en España en el Celta y el Atlético de Madrid logrando ser el máximo goleador de Primera y Segunda División.

El partido de vuelta se disputó en Maracaná con 155.523 espectadores en la cancha. Algo impensable hoy en día. Las imágenes son increíbles. Zico anotó el primer tanto en el primer minuto y el Fla no dio opciones a su rival. Leandro marcó en el 39 el segundo gol y en el 89 cerró la cuenta Adílio. Los rojinegros conquistaron el cuadrangular con autoridad y dejaron al Santos con la miel en los labios.

Zico era en aquella época una auténtica delicia en el césped y su equipo dominó el fútbol brasileño a principios de los ochenta conquistando la Copa Libertadores de 1981. El futbolista había maravillado ya a los espectadores de los viejos Campos de Sport de El Sardinero en 1980 cuando disputó el Trofeo Ciudad de Santander y fue nombrado mejor jugador del evento.

El Santos que se midió al Racing tenía una buena plantilla, aunque en Europa no nos suenen tanto algunos de estos jugadores ya que entonces no daban el salto al Viejo Continente tantos futbolistas del país de la samba como en la actualidad.

El entrenador era Chico Formiga, que fue internacional absoluto con Brasil en los años 50. Además de João Paulo también fue internacional absoluto en un par de amistoso el lateral diestro Betão.

Dema, otro de los futbolistas importantes de aquel Santos, jugó en Portugal en el Río Ave sin pena ni gloria y Serginho Chulapa vivió su única experiencia en el extranjero en un campeonato tan exótico como el de Egipto.

El centrocampista Pita sí que destacó en Europa, lo poco que jugó. Solamente estuvo una campaña en el Racing de Estrasburgo francés. Luego estuvo un par de campañas en Japón antes de regresar a Brasil. Fue siete veces internacional. En el país del sol naciente jugó también el defensa Davi, Rossini, que militó una campaña en el fútbol mejicano… La mayoría hicieron su carrera en casa. Paulo Isidoro no salió de Brasil pero jugó el Mundial de España 82 y fue 36 veces internacional. El portero Marolla también fue internacional en un par de amistosos, el defensa Toninho Carlos en cuatro ocasiones, dos de ellas en una Copa América. Eran una buena escuadra.

24 de agosto de 1983

Osasuna, 1: Biurrun; Macua, Castañeda, Gratacos, Purroy, Bayona, Echeverría, Lumbreras (Arechavaleta), Julio, Claudio y Martín.

Racing de Santander, 1: Alba; Castaños, Villita, Tino, Chirri, Ruisoto, Mario (Herrero), Angulo, Roncal, Quique Setién, Chaparro (Juan Carlos).

Goles: 0-1, minuto 3, Purroy en propia puerta; 1-1, minuto 90, Purroy. El Racing ganó la tanda de penaltis que se lanzó para desempatar en caso de ser necesario.

25 de agosto de 1983

Racing de Santander, 1: Alba; Castaños, Villita, Tino, Chirri, Ruisoto, Mario (Juan Carlos), Angulo (Piru), Roncal, Quique Setién, Chaparro.

Santos FC, 2: Marolla; David, Gilberto (Paulo Robson), Betão, Dema, Fernando, Lino, Paulo Isidoro, Serginho (Serginho II), Pita, João Paulo (Gareca).

Goles: 0-1, minuto 10, Ruisoto en propia puerta; 0-2, minuto 56, Pita; 1-2, minuto 66, Villita.

26 de agosto de 1983

CA Osasuna, 1:   Biurrun; Macúa (Tirapu 46´), Castañeda, Lecumberri (Mirta 61´), Purroy; Cándido, Lumbreras, Rípodas, Echeverría, Julio y Martín.

Santos FC: Maroya; Fernando (Paulo Robson 76´), Gilberto, Betão, Dema; Pagani, Lino (Serginho 82´), Paulo Isidoro, Serginho; Vita, João Paulo.

Goles: 0-1, minuto 18, Paulo Isidoro; 0-2, minuto 51, Joao Paulo; 1-2, minuto 81, Purroy.

La siguiente temporada, tras la gira europea, no le fue nada bien al Santos. Quedó noveno en la Serie A y fue apenado en la Copa Libertadores en la fase de grupos quedando cuarto, último del grupo.

Primero fue el Fla, segundo el América de Cali y tercero el Júnior, también colombiano. La primera vez en la historia en la que un conjunto de Colombia ganaba en Brasil fue precisamente ante el Santos, 0-1 contra el América de Cali de aquella Copa Libertadores. Y el Fla le metió un 5-0. Un desastre.

Pita, el 10 del Santos FC, en la famosa final de 1983.

El Trofeo Ciudad de Pamplona se dejó de disputar en 2011, ya con la denominación de Trofeo Reyno de Navarra y el Racing fue el último equipo invitado. Perdió 3-0 ante los rojillos y uno de los tantos lo anotó Álvaro Cejudo, que años después defendería los colores de los cántabros. El Racing solamente participó en esas dos ediciones, la del 83 y la de 2011.

Sankt Pauli 3 - Racing 0: Paliza punk

La visita del Racing al Sankt Pauli se saldó con una goleada en contra y la presencia del famoso espontáneo Jimmy Jump.

No hay un club más rebelde y punk en Europa ni más asociado al anticapitalismo. Sus aficionados ondean la bandera pirata y abrazan todo tipo de causas sociales. Por supuesto, nos referimos al Sankt Pauli.

El conjunto alemán se enfrentó a un Racing presidido por Francisco Pernía en el verano de 2010. El expolítico de derechas, condenado a cuatro años de prisión por administración desleal continuada y apropiación indebida años después, lucía la bandera pirata en el corazón, debajo de la corbata siempre tan bien anudada. El dirigente de Cóbreces no podía tener una mentalidad más opuesta a la de una institución germana que se define como antirracista, antifascista y antihomofóbica.

Aunque el FC Sankt Pauli nunca ha ganado ningún título se le estiman unos 20 millones de simpatizantes en todo el mundo. Se financia principalmente con aportaciones de sus socios y con un potente *merchandaising* que le reporta alrededor de ocho millones anuales, aunque ha pisado poquito la máxima categoría del fútbol alemán. Ganar o perder no es lo más importante para un club que produce miel natural dentro de su estadio con la idea de proteger y aumentar la población de abejas en el mundo u organiza el primer mundial de países no reconocidos por la FIFA.

El conjunto santanderino realizaba su pretemporada en Schneverding (Alemania) y surgió la posibilidad de medirse el 30 de julio al Sankt Pauli, recién ascendido a la Bundesliga y en plena celebración de su centenario. Era el tercer test veraniego después de haberse enfrentado al Werder Bremen y al Eintracht de Frankfurt.

El hotel de concentración en el que se alojaba el Racing se encontraba situado a unos 60 kilómetros de Hamburgo, así que era un desplazamiento bastante cómodo.

El encuentro comenzó a las siete menos cuarto de la tarde en el estadio Millerntor del barrio rojo de la ciudad portuaria en la que los Beatles realizaron su primera grabación. En el Sankt Pauli la música es importante. Los jugadores saltan al césped al ritmo de *Hells Bells* de AC/DC y los goles se celebran con la *Song 2* de Blur. Tres veces sonó ante el Racing de Santander.

La expedición racinguista se encontró un estadio en obras y con la mitad de las gradas vacías por ese motivo. Estaban remodelando la tribuna principal para incluir 4.800 localidades *business* y palcos VIP, además de pantallas LED. Uno de ellos fue alquilado meses después, en diciembre, por Susi´s Show Bar, un local de estriptis del barrio rojo de Hamburgo, que instaló una barra vertical para que los asistentes a su palco se entretuviesen durante los partidos… ¡A Francisco Pernía le hubiese encantado! Una acción así despertó las iras de unos seguidores muy concienciados que habían combatido el sexismo y que primaban los valores sociales sobre los deportivos. Al acabar la temporada se pudo rescindir el contrato.

Con el ascenso a la Bundesliga había dimitido como presidente el famoso empresario teatral Corny Littman, que había llegado al cargo en 2002. El Sankt Pauli había sido la primera institución en el fútbol con un presidente abiertamente gay y militante de la causa LGTB. La gestión del club era agotadora y había tenido también sus más y sus menos con varios sectores de aficionados. Stefan Orth fue el encargado de sucederle en la presidencia de un club que también es en muchas ocasiones una casa de locos por su carácter libertario y popular.

El choque ante el Racing reunió a unos 8.000 aficionados en las dos gradas disponibles. Actualmente Millerntor tiene capacidad para 29.546 espectadores.

Miguel Ángel Portugal contaba con las bajas de Osmar, Toni Moral y Mehdi Lacen por lesión, pero el técnico burgalés presentó un once competitivo y cargado de "titulares". Toño, Pinillos, Christian Fernández, Edu Bedia y Tchité, que no habían jugado de inicio el anterior partido lo hicieron en este. El conjunto cántabro jugó con la segunda equipación diseñada por SLAM: negra con ribetes azules y rojos.

El equipo local estaba mucho más rodado que el cántabro y eso se notó en exceso, aunque el Racing comenzó disfrutando de la posesión de la pelota y tratando de jugar el esférico desde atrás. El primer gol de la escuadra local llegó al cuarto de hora tras una gran combinación del Sankt Pauli que desarboló a la zaga cántabra.

Toño estuvo rápido para salir de la línea y despejar el remate de Ebbers, que estaba totalmente solo en el interior del área, tras un buen pase de Naki. El rechace le cayó a Kruse que chutó muy fuerte, aunque el portero alicantino ya había reaccionado y pudo repeler el esférico de nuevo. A la tercera fue la vencida y Kruse ajustó más el disparo logrando el primer tanto de la tarde.

Max Kruse era muy joven entonces y posteriormente tuvo una larga carrera con muy buenas campañas en la Bundesliga tanto en el Werder Bremen como en el Borussia Mönchengladbach.

El kurdo-alemán Deniz Naki, el autor del pase, se hizo posteriormente muy conocido por su activismo político y no por el fútbol, aunque tenía mucha calidad. Se fue a jugar al Amed SK, el principal club del Kurdistán, sacrificando en parte su carrera por dar a conocer el drama que se vive allí. La Federación turca le sancionó de por vida por supuesta apología del terrorismo después de colgar un vídeo en sus redes sociales. Incluso fue condenado con una pena de cárcel, aunque la sentencia quedó rebajada a una libertad condicional y no llegó a entrar en el presidio. En su palmarés figura el Europeo Sub-19 de 2008 jugando con Alemania.

El futbolista de origen kurdo fue tiroteado en 2018 mientras conducía en Alemania por sus implicaciones políticas y las críticas a Erdogan. Se sospecha que fueron miembros del servicio secreto turco. Siempre ha denunciado las tropelías de Turquía con la comunidad kurda. En 2018 había realizado una huelga de hambre ante la sede de la Naciones Unidas en Ginebra para protestar contra la intervención militar turca en la ciudad de Afrin... Después intentaron acabar con su vida.

Tras el primer gol del club del barrio rojo de Hamburgo llegó la reacción racinguista con un disparo bien colocado de Christian Fernández, ahora conocido como Bolaño, desde el vértice izquierdo del área que obligó a intervenir a Thomas Kessler y, en el minuto 40, con un lejano chut de

Edu Bedia que se marchó fuera. El portero del Sankt Pauli era un gigantón de 1,97.

Los cántabros creaban tímidos algo de peligro, pero los locales hicieron el 2-0 antes del descanso al enviar a la red Ebbers, de cabeza, una falta lateral. Este corpulento delantero de 1,90, capitán del equipo, no era un gran goleador, pero se encontró solo en el corazón del área en un error de marcaje. Los racinguistas reclamaron fuera de juego. La escuadra alemana tenía una ventaja de centímetros muy evidente ante un Racing repleto de bajitos. El centrocampista Fabian Boll, con 1,93, o el ghanés Davidson Drobo-Ampem, de 1,89, eran otras de las torres que pusieron sobre el césped. Aquel St Pauli era un equipo muy físico.

En la última jugada de la primera mitad Christian Fernández hizo temblar el poste izquierdo de la portería local tras culminar una excelente jugada iniciada por Arana en la banda derecha que superó a su par y en la que también intervino Pape Diop cambiando el juego y asistiendo certeramente al lateral izquierdo racinguista.

Justo antes del saque inicial del segundo tiempo saltó al césped un famoso espontaneo: Jimmy Jump. El catalán, con una bandera pirata como capa, cogió el balón y se plantó solo delante de Toño... Intentó marcar un gol, pero su intento de cuchara se fue fuera.

Jimmy Jump, que se llama Jaume Marquet i Cot y es de Sabadell, se hizo muy conocido por interrumpir en 2010 la actuación de España en Eurovisión, en Oslo. Un año después también salió como espontaneo en la Gala de los Goya. Siempre ha estado muy ligado al movimiento independentista catalán.

En el mundo del fútbol es muy popular y ha logrado cosas que parecen imposibles. Llegó a saltar al césped en la final de la Liga de Campeones 2006/2007 entre el AC Milan y el Liverpool corriendo por el campo con una bandera griega o intentó poner una barretina en el trofeo de la Copa del Mundo antes del España-Holanda de 2010. Han sido multitud de partidos y eventos los que han contado con la presencia inesperada de Jimmy Jump. La seguridad del Sankt Pauli no se lo tomó muy en serio y el catalán pudo salir del césped y estuvo correteando por las gradas vacías de la zona en obras hasta que le cogieron.

Como es habitual en los encuentros veraniegos amistosos en la segunda parte los dos entrenadores hicieron numerosos cambios para distribuir las cargas de trabajo de los futbolistas. El carrusel de sustituciones ralentizó el ritmo de juego aunque siguió habiendo ocasiones de gol.

Tuvo unos minutos con la camiseta del Racing el brasileño Danilo Alves de Freitas. El futbolista realizó buena parte de la pretemporada con el conjunto santanderino, aunque finalmente no fue contratado. Llegó procedente del filial del Palmeiras y allí regresó. Años después volvió a intentar dar el salto a Europa, pero solamente disputó un partido con el Vitória Setúbal. La mayor parte de su carrera transcurrió en la segunda categoría de su país.

En el minuto 59, Iván Bolado controló un balón de espaldas dentro del área y dejó la pelota de cara a Tchité, que desde la frontal conectó con la izquierda un potentísimo chut que se fue fuera por poco. Poco después Iván Bolado estrelló un balón en el poste con un buen remate de cabeza. La escuadra alemana fue más efectiva y en el minuto 77 consiguió su tercer tanto con un acrobático remate cruzado de Hennings.

No recortó distancias un Racing ya muy castigado por el cansancio y apenas inquietó la portería rival. Solamente hubo un tímido lanzamiento de Edu Bedia desde 30 metros que ni siquiera iba entre los tres palos

Después del 3-0 y la paliza punk recibida el titular buenista de la web del Racing fue "El Racing estrella dos balones en el poste en su tercer partido de pretemporada". La nota negativa fue que Pedro Munitis terminó lesionado tras recibir un fuerte golpe en el primer tiempo que le ocasionó un esguince de tobillo.

El Santk Pauli terminó último de la Bundesliga aquella temporada y no ha vuelto desde entonces a la élite. Al Racing no le fue tan mal y terminó decimosegundo, lejos del descenso. Eso sí, Miguel Ángel Portugal fue destituido tras 22 jornadas y llegó con Marcelino con un refuerzo de invierno determinante: el mexicano Giovani dos Santos.

FC Sankt Pauli, 3: Kessler; Zambrano, Olczipka, Bruns, Ebbers; Thorandt, Boll, Kruse, Lehmann; Naki y Rothenbach. También jugaron Lechner, Morena, Hennings, Schultz, Eger y Drobo-Ampen.

Racing, 0: Toño; Pinillos, Picón, Torrejón, Christian; Diop, Edu Bedia, Kennedy, Arana; Munitis y Tchité. También participaron Iván Bolado, Francis, Borja Docal, Danilo Alves y Julián Luque.

Árbitro: Norbert Grudzinski, alemán. Amonestó al local Boll y al racinguista Arana.

Goles: 1-0, Kruse (minuto 15); 2-0, Ebbers (minuto 43); 3-0, Hennings (minuto 77).

Incidencias: Millerntor (Hamburgo). Terreno de juego en perfecto estado. 8.000 espectadores. El juego se vio interrumpido por un conocido espontaneo catalán: Jimmy Jump.

Juan Carlos Pérez, una rosa y un balón

Juan Carlos Pérez López ha sido uno de los jugadores más importantes de la historia del Racing, aunque a menudo su figura parece quedar en un segundo plano muy en consonancia con su personalidad sencilla y discreta.

Murió a los 67 años víctima de una larga enfermedad degenerativa el 16 de enero de 2012 en Santander, ciudad en la que había nacido el 14 de febrero de 1945 y a la que siempre estuvo ligado. El 21 de enero se guardó un minuto de silencio antes del Racing-Getafe en su memoria. El encuentro terminó 1 a 2.

En sus últimos años era habitual verle jugar la partida por las tardes en la zona de Castilla-Hermida con la misma gente de siempre. Era un tipo de barrio muy afable pese a haber sido capitán de un Barcelona que ganó la Liga. Era un hombre de izquierdas con ese convencimiento de que hay que tratar de mejorar las condiciones de vida de todos y no solamente de unos pocos privilegiados, con la idea de que nadie es más que nadie.

No necesitaba alzar la voz para convencer o enarbolar una bandera. Era un líder. Un capitán. Era su manera de ser acorde a unos ideales que mamó en casa. Tampoco hacía gala de ellos, pero los sacó a relucir cuando hizo falta y militó en el PSOE todavía en los estertores del franquismo.

En la noche del 23-F no fue a dormir a casa. En pleno golpe de estado y con Tejero armado en el Congreso su vida corría peligro. Aquella noche de 1981 Juan Carlos se refugió en casa de un amigo en Torrelavega, sin avisar siquiera a la familia de en qué lugar se encontraba para evitar eventuales problemas, y reapareció al día siguiente, una vez restablecido el orden constitucional.

Pocos días después le pasaron una extraña publicación en donde figuraba una lista de 'rojos peligrosos' de Santander que debían ser depurados si triunfaba el golpe de estado. Allí estaba su nombre escrito.

Todavía estando en activo y militando en el Racing había figurado en la candidatura del PSOE Sector Histórico –una escisión del partido nacida en 1972– en las elecciones de 1977, las primeras de la nueva democracia española. Era el número 5 de la lista al Congreso. El futbolista había intervenido en algunos mítines, aunque tampoco alardeaba de su militancia. «A mí me daba algo de apuro. Yo había ganado dinero en el fútbol, tenía un gran coche, me iba bien... De alguna manera pensaba que en la lista tenía que haber sólo gente modesta, pero Paco Cuadra –ilustre aficionado racinguista–, que estaba al frente de la candidatura, me convenció de que el objetivo de un partido de izquierdas no era igualar a la gente en la pobreza, sino mejorar el nivel de vida de todos», recordaba Juan Carlos en *El Diario Montañés*.

No suele ser habitual que un jugador en activo figure en las listas electorales tan arriba. Ni ahora ni antes, además en aquella época todo era mucho más turbulento ya que te podía costar la vida.

Para Juan Carlos Pérez era una forma de rendir homenaje a su padre, secretario municipal en Santander y en Ribamontán al Monte, vinculado a UGT en la II República y después en la clandestinidad. En la postguerra había estado varios años preso en Burgos, en El Dueso y en Santander y a él siendo un prometedor futbolista de 15 años le tocó alguna vez llevar a su progenitor ropa o comida a la Prisión Provincial.

Una de sus hijas también siguió la tradición de su abuelo y su padre, Judith Pérez fue durante un breve periodo de tiempo portavoz en el Ayuntamiento de Santander del grupo socialista.

El cántabro era un jugador polivalente de gran despliegue físico y buena técnica. Juan Carlos Pérez comenzó a destacar en el mundo del deporte siendo muy joven, aunque lo hizo antes que en el fútbol en el atletismo.

Se proclamó campeón de cross infantil de la región. Tenía unas condiciones físicas extraordinarias. Por supuesto, también era ya un fenómeno en el fútbol que comenzó a practicar en el colegio Salesianos. A esa resistencia física añadía velocidad y una depurada técnica. Con 16 años le fichó ya el Racing para sus juveniles. Había ganado el famoso Torneo de Barrios con el Toluca en 1960 y luego repetiría con el Racing. Formó parte de la selección juvenil cántabra.

Al principio era un jugador mucho más ofensivo y goleador. A lo largo de su carrera llegó a jugar como delantero, extremo izquierdo, mediapunta, defensa central, líbero y mediocentro defensivo, su puesto más habitual. Los futbolistas buenos juegan en cualquier sitio.

De los juveniles racinguistas pasó al Rayo Cantabria, el filial racinguista, donde estuvo dos campañas y subió a la primera plantilla en la temporada 65/66 con Luis Sierra en el banquillo. Jugó solamente cinco encuentros, todos de titular, en Segunda División y salió cedido a la Gimnástica, una categoría más abajo.

Esa campaña se enfrentó al Barcelona por primera vez porque Sierra le alineó en los dos partidos de Copa que disputó el Racing ante los azulgranas. En Santander ganaron 0 a 2 con goles del castreño Peru Zaballa y del exracinguista Rifé. En el partido de vuelta el conjunto que entrenaba el argentino Roque Olsen pasó por encima de los montañeses y goleó 8-0 la portería defendida por el arquero burgalés Antonio Solana. Juan Carlos se iría con ese mal recuerdo de la que sería su casa, pero impresionado del poderío azulgrana.

En la temporada 67/68 Laureano Ruiz, que conocía bien la cantera, le recuperó rápidamente de la Gimnástica y le hizo un fijo en el once racinguista. Sabía lo que había, le había entrenado en el juvenil y en el Rayo y era consciente de sus extraordinarias condiciones. Disputó 29 encuentros, aunque no fue una buena temporada para el equipo santanderino que acabó descendiendo en una campaña de remodelación de las distintas divisiones.

Los equipos importantes ya habían atisbado su tremendo potencial y al acabar la temporada fue traspasado al Barcelona. El club catalán pagó cuatro millones de pesetas por el santanderino, una cantidad nada desdeñable para la época y teniendo en cuenta que era un jugador que venía de descender a Tercera. La deuda total del club santanderino rondaba los 22 millones.

En el FC Barcelona permaneció siete temporadas, hasta 1975, y ganó una Liga y una Copa. En su primera campaña en la Ciudad Condal no jugó mucho, pero tampoco tardaría en asentarse y ganarse el reconocimiento de la hinchada local por su trabajo. «Le bastó con su nombre de pila, Juan Carlos, para ganarse a los aficionados al fútbol», rememoraba Ramón Besa en el obituario titulado Juan Carlos, el motor del Barça de Cruyff en los 70, que publicó *El País*.

Su mejor temporada en el Barça fue la 1973/1974 con la llegada de Johan Cruyff y Rinus Michels. Jugó todos los partidos de liga, 34, todos ellos como titular, y todos completos excepto uno. El equipo ganó la Liga y desarrolló un fútbol excelso con la mejor versión del astro holandés. Juan Carlos anotó seis tantos en el campeonato liguero. Su mejor registró... Y siendo el mediocentro defensivo, aunque ejercía de director de orquesta de aquella filarmónica futbolística tan afinada. Era el capitán y el encargado de iniciar el juego.

A aquel equipo se le recuerda casi más por el 0-5 en el Santiago Bernabéu que por el título liguero. El 17 de febrero de 1974 el Barcelona vapuleó a su eterno rival en su casa dejando para el recuerdo uno de los encuentros de mayor carga simbólica de la historia del club catalán. Hay que tener en cuenta el contexto político de la época y lo que significó un resultado así. Cambiaban los tiempos, aunque el franquismo todavía imperaba.

En el minuto 65 el mediocentro cántabro, asistido por el genial Cruyff, batió a Mariano García Remón «con un giro parabólico, endiablado», según la crónica de *El Mundo Deportivo*. Fue el 0-4. El peruano Sotil redondeó el marcador con la manita ante un Bernabéu silenciado. Al Real Madrid le pudo caer una goleada todavía mayor.

Juan Carlos era el futbolista que equilibraba aquella máquina perfecta que contaba con jugadores como Rexach, Asensi, Marcial, De la Cruz o el exracinguista Rifé para acompañar a la estrella tulipán.

Fue en aquella temporada cuando Juan Carlos disputó sus dos únicos partidos con la selección española. El 21 de octubre de 1973 estuvo convocado para el partido de clasificación para el Mundial ante Yugoslavia en Zagreb pero no debutó. Lo hizo tres días después en un amistoso ante Alemania en Stuttgart que España perdió 2 a 1. Jugó 45 minutos.

Luego en el partido decisivo ante Yugoslavia que se disputó en Fráncfort fue titular. Era el duelo de desempate para acudir al Mundial de Alemania, pero la selección que entrenaba Kubala perdió 1-0 con un tanto de Katalinski a Iríbar. El cántabro disputó 76 minutos hasta que el seleccionador hizo un doble cambio buscando la remontada.

Aquella derrota fue una debacle nacional justo cuatro días antes de que el Barcelona ganase 0-5 en el Bernabéu. «Tuve mala suerte, llegué tarde a la selección y me tocó jugar ante dos grandes rivales. Perdimos los dos encuentros y no fueron buenos partidos colectivos, así que fui uno de los sacrificados en una etapa de cambios y transición tras quedarnos fuera del Mundial», recordaba Juan Carlos en *Fondo Norte*.

La llegada al Barcelona del centrocampista holandés Johan Neeskens en la campaña 73/74 dejó al santanderino con menos protagonismo y algo relegado pese a su extraordinario rendimiento en la temporada anterior. Juan Carlos disputó 27 partidos, pero solamente 16 como titular y 12 completos. El medio holandés jugó los mismos, 27, pero siempre de inicio y 22 completos. Michels no sustituyó nunca a su compatriota mientras que al cántabro le cambió once veces en Liga. El equipo terminó tercero por detrás del Real Madrid y el Zaragoza. No funcionó igual sin Juan Carlos iniciando el juego.

El cántabro disputó con los azulgranas muchos partidos internacionales, aunque no levantó ningún título europeo: ocho encuentros de la Copa de Ferias, cuatro de la Recopa, dos de la UEFA ante el Niza y seis de la Copa de Europa con un gol que anotó ante el Linz austríaco. Con el Barcelona además de la Liga 73/74 ganó la Copa de la 70/71, aunque había jugado muy poco. Nueve minutos en un partido de semifinales ante el Deportivo que el conjunto catalán ganó 4-0. El inglés Vic Buckingham le dio entrada en el minuto 81 supliendo a Marcial. Fue la campaña que menos jugó en el Barcelona, 24 partidos en todas las competiciones oficiales. En la final el equipo azulgrana ganó 4-3 al Valencia en la prórroga.

El cántabro se sintió un poco molesto con su nuevo rol con la llegada de Neeskens, desplazado, y decidió rescindir su contrato. Tenía una gran oferta del Valencia, pero le tiraba mucho Santander y el Racing acaba de retornar a la máxima categoría.

«Tenía contrato en vigor, pero estaba dolido porque el club había fichado a Neeskens. No éramos incompatibles pero me sentí menospreciado. Me hubiese quedado y creo que hubiera seguido jugando, pero el Racing subió y se interesó por mí y volver a casa me pareció una muy buena opción, aunque tuve una oferta del Valencia muy buena», rememoraba en aquella entrevista en *Fondo Norte*.

La vuelta de Juan Carlos al Racing en 1975 fue un auténtico bombazo mediático en Santander. Fue el fichaje del verano para los racinguistas en la temporada 75/76. No se hablaba de otra cosa en la ciudad y muchos no se lo terminaban de creer.

El regreso de Juan Carlos al Racing se alargó hasta convertirse en un culebrón con mucho seguimiento mediático en la región. No dejaba de ser un jugador internacional, capitán del Barcelona tras estar siete años en el club azulgrana, y que había jugado bastante la temporada anterior —27 de los 34 partidos ligueros—. Al no sentirse valorado tras la llegada del holandés Johan Neeskens había pedido salir del club catalán y contaba con una oferta económica muy suculenta del Valencia... Así que la opción de recalar en un Racing recién ascendido no terminaba de ser creíble para algunos aficionados. Algo lógico. José Manuel López Alonso trabajó mucho en el regreso de Juan Carlos, consciente de que podía ser una pieza fundamental en lo deportivo y en lo social. Maguregui también quería un hombre experimentado en el centro del campo.

Finalmente se pudo concretar la operación gracias a que Juan Carlos puso mucho de su parte. Fue un auténtico bombazo en Santander y el Racing realizó un gran esfuerzo económico para recuperar al santanderino que tenía una ficha de nueve millones de pesetas. Al final se publicó que el Barcelona cobró cinco millones y el mediocentro internacional, ocho. Renunció a uno por volver a casa... Una cantidad enorme en 1975.

Los fichajes extranjeros destinados a marcar diferencias en Primera División que también había pedido Magu salieron rana: el internacional finlandés Jouko Suomalainen y el portero húngaro Kenderesi no llegaron ni a debutar oficialmente. Se arregló todo casi de casualidad con el fichaje a última hora del portugués Quinito tras verle en el Trofeo Ciudad de Santander.

Juan Carlos fue de menos más y fue decisivo para dar empaque al equipo. Por él pasaba también todo el juego que se generaba. Era un auténtico mariscal en la media y con galones ya que fue capitán desde su vuelta. Fue un auténtico acierto en todos los aspectos. Esa temporada cumplió 30 años y aunque una rodilla comenzaba a darle problemas disputó 79 encuentros en esta segunda etapa defendiendo la camisola racinguista. Dio un gran rendimiento deportivo tres campañas en la máxima categoría.

En la temporada 75/76 jugó 27 encuentros ligueros y un partido de Copa ante el Atlético de Madrid. En 26 de ellos fue titular. Salió desde el banquillo en la jornada dos y en la tres, no llegó a actuar en la primera. Había llegado a última hora y necesitaba rodaje. Anotó dos goles y solamente vio una cartulina amarilla. El equipo terminó decimosegundo y cumplió el objetivo con solvencia. Al Barcelona de Cruyff se le ganó en El Sardinero 2 a 1. En la primera vuelta los catalanes ganaron con apuros en el Camp Nou, 2-1 con un último tanto de Neeskens, que no vino a jugar a Santander esa campaña.

En su segunda temporada tras el regreso disputó 29 encuentros, uno de Copa, y todos excepto uno como titular. Marcó dos goles y vio cuatro amarillas. En Santander volvió a caer el Barcelona, esta vez con Neeskens, 1-0, aunque no disputó el encuentro Juan Carlos. La visita al Camp Nou fue especialmente dolorosa y los santanderinos encajaron un 7-0, con cuatro goles holandeses: dos de Cruyff y dos de Neeskens. El Racing acabó decimoquinto.

Nando Yosu dio el relevo a Maguregui en el banquillo en la 77/78. El equipo acabó decimotercero, aunque se salvó con apuros en la última jornada. Juan Carlos jugó algo menos, 22 encuentros con dos de Copa y fue titular en 18. Anotó también dos goles. El Barcelona tampoco ganó en Santander por tercer año consecutivo y el duelo concluyó sin goles.

Juan Carlos colgó las botas el 7 de mayo de 1978 dejando a su Racing en Primera y siendo el autor del gol de la victoria ante el Sporting que certificaba la permanencia.

Curiosamente en aquel encuentro vio la única cartulina roja de toda su carrera, quince años como profesional y en un puesto bastante comprometido en ese aspecto defensivo. Retirarse con aquella expulsión le dolió especialmente, sobre todo porque fue injusta.

Juan Carlos marcó a los siete minutos el único gol del encuentro, que valía su peso en oro, pero en el 75 vio la segunda tarjeta amarilla por dirigirse al árbitro, el aragonés Pes Pérez. El colegiado había anulado un gol legal al Racing por fuera de juego y Juan Carlos, como capitán, le indicó que era imposible que se diera esa circunstancia con el portero Castro y su hermano Quini justo debajo de su portería. En sus explicaciones, el centrocampista cántabro incluso pidió al delantero asturiano, que era amigo suyo y habían coincidido en la selección, que le explicara al árbitro que se encontraba detrás del balón... Cosa que no hizo, porque dentro del campo no entendía de amistades. Juan Carlos se fue al vestuario con un enfado tremendo porque sabía que era su último partido y no quería retirarse así. Además, se había dirigido correctamente al árbitro y el gol había sido legal. Menos mal que el equipo que entrenaba Nando Yosu defendió bien el resultado con un hombre menos ese último cuarto de hora de partido y el Racing logró la permanencia.

El Sporting de Gijón, ya clasificado para la Copa de la UEFA, estaba primado por el Betis y el Espanyol. Se habló de un millón de pesetas para cada uno, abonados entre los dos clubes. Ese gol del medio santanderino propició indirectamente la permanencia del club perico por lo que el Espanyol le entregó su insignia de oro y brillantes al mediocentro santanderino. Juan Carlos será de los pocos que tengan esa distinción de los dos clubes más importantes de Barcelona, una ciudad también muy especial para él. Los azulgranas le habían premiado con la insignia de oro en el centenario del club en 1999. Aunque hubo mucho interés del Celta de Vigo por ficharle para la 78/79, Juan Carlos prefirió quedarse en Santander y retirarse tras ver aquella cartulina roja. No acabaría su vinculación con el fútbol ni con el club santanderino ni mucho menos.

Después de colgar las botas hizo de todo en el Racing, desde segundo entrenador hasta asesor del presidente. Como futbolista alcanzó el nivel más alto, ganó títulos y fue internacional absoluto. Colgó las botas en 1978 con el deseo cumplido de dejar a su Racing en Primera y además marcando el gol decisivo.

No se podía pedir más como colofón a una carrera muy brillante. Él se lamentaba de esa única expulsión en toda su trayectoria precisamente en su último encuentro como jugador, pero no deja de ser más que una anécdota.

El Celta de Vigo le hizo una oferta muy buena para seguir en activo, pero él prefirió no seguir. Estaba a gusto con esa sensación de deber cumplido tras dejar al Racing en la máxima categoría. «Aquel último partido frente al Sporting, que ya estaba clasificado para la UEFA, fue de una tensión tremenda. Estuvimos al borde del desastre y sufriendo hasta el último momento… Me quedé tan a gusto con la permanencia que tenía clara la retirada. Tenía esa satisfacción de haber dejado en Primera al equipo de mi tierra y un récord que me enorgullece y del que se habla poco, en esos tres años tras mi vuelta al Racing, solamente perdimos tres partidos en El Sardinero. Empatábamos mucho, pero creo que es algo destacable para un equipo como el nuestro en la máxima categoría», recordaba en una entrevista en *Fondo Norte*. «Históricamente el Racing en Primera siempre estuvo en el filo de la navaja, pero siempre se aspiró a poder hacer algo más grande… A los buenos jugadores se los llevan rápido y hay que suplirlos por otros, es una rueda que gira siempre y asentarse e ilusionar a la gente es complicado y más ahora que cada vez los clubes tienen que hacer una inversión económica mayor. De jugador o de técnico siempre me ha tocado sufrir como racinguista, pero sé que algún día no será así. Otros clubes más pequeños han jugado la UEFA y cualquier año de estos nos tocará a nosotros, seguro», explicaba en aquella charla durante el año 2000. Tenía razón… Su club bajó aquel año a Segunda, pero viviría después una época dorada que incluyó la participación europea y un par de semifinales de Copa.

Ya retirado se convirtió en un hombre de club para la entidad verdiblanca donde desempeñó casi todas las funciones posibles. Al igual que ocurrió en su etapa de jugador demostró una polivalencia asombrosa, además de dar a la entidad un poso de su respetabilidad. Ha sido una de las figuras más importantes de la historia del club santanderino sin lugar a dudas por su papel como futbolista y su labor posterior, aunque por su carácter discreto no se le haya reconocido tanto. «Soy de Santander, aquí están mis amigos, mi familia… El Racing ha sido siempre mi equipo y el primero en el que soñé jugar. Luego todos los futbolistas quieren llegar a un grande y pelear por los títulos y yo lo conseguí en el Barcelona», recordaba en aquella entrevista sobre su trayectoria. El cariño que le tuvo al club de su ciudad estaba por encima de todo.

En el Racing fue segundo entrenador, delegado, entrenador del filial, secretario técnico, relaciones públicas, ojeador, entrenador de porteros y asesor del presidente. Casi nada. Muy pocas personas han tenido esta relevancia como racinguistas y se pueden contar con los dedos de una mano: Nando Yosu, Quique Setién, Tuto Sañudo... Muy pocos más. Además siempre tuvo esa predisposición a echar una mano donde hiciese falta y sin mirar ningún tipo de recompensa.

Si en el campo fue un futbolista muy versátil y jugó como extremo izquierdo, delantero centro, mediapunta, mediocentro, defensa central y hasta de libre, fuera de los terrenos de juego tuvo esa capacidad también.

De su etapa como segundo entrenador, con Andoni Goikoetxea como primero, comentaba entonces que «no me puedo levantar ni un momento, enseguida viene el cuarto árbitro». Y eso que Juan Carlos era una persona muy afable y respetuosa. «De segundo entrenador tal vez tenga ahora más protagonismo, pero no hay un poder de decisión detrás. Si puedo aportar algo al club y al entrenador en este puesto, estupendo», relataba en *Fondo Norte*. Sus labores dentro y fuera del campo y la calidad humana demostrada durante tantos años en la institución serán recordadas siempre.

La meada de Billabona

Una de las mejores anécdotas de la trayectoria deportiva de David Billabona es también una de las más míticas de la historia del fútbol español. El jugador vasco se puso a orinar junto al poste en mitad de un partido de Primera División.

Es algo impensable en la actualidad, pero ocurrió en 1992. Eran otros tiempos sin tantas cámaras ni redes sociales, aunque entonces también fue algo insólito y el Athletic le sancionó económicamente por ello.

Billabona no lo hizo por humillar al rival ni nada por el estilo. No era afán de protagonismo. Simplemente tuvo ganas de mear y no podía esperar a que terminase el encuentro. Así era el centrocampista vasco. Muy noble, sencillo... Burrote. Directo. Lo convencional no iba con él.

El incidente ocurrió en el Ramón de Carranza el 24 de mayo de 1992. El Cádiz ganó 1-0 con un gol del brasileño Tilico. Los gaditanos se salvaron aquella temporada de milagro, como casi siempre en aquellos años. Ganaron al Figueres del delantero estadounidense Peter Vermes y Jorge D'Alessandro como entrenador en la promoción. El Athletic firmó una de sus peores temporadas y concluyó decimocuarto.

Había comenzado la segunda parte del encuentro. Apenas se habían disputado poco más de cinco minutos y el conjunto rojiblanco acababa de encajar el único gol de la tarde de domingo cuando Billabona se acercó a la portería que defendía el húngaro Szendrei... y se puso a orinar. Sin explicaciones. El público, los rivales y sus compañeros se quedaron atónitos. ¡En Primera División y con el estadio lleno!

Su entrenador Jesús Aranguren tuvo que dar explicaciones al finalizar el encuentro: «Billabona sintió ganas de orinar y sin pensárselo dos veces lo hizo junto a la portería. Si lo hubiera pensado no lo hubiese hecho». Lejos de exculpar la acción de su jugador, el entrenador del Athletic se mostró en todo momento partidario de que el club sancionase a Billabona por protagonizar «un hecho anormal que daña la imagen del equipo». El presidente de los bilbaínos, José Julián Lerchundi, no dudó en imponerle una fuera multa económica y también le puso la cruz al centrocampista irundarra.

Billabona apenas habló en público de aquella histórica meada aconsejado por el club, pero ese verano Vicente Miera le seleccionó para el combinado olímpico que ganó la medalla de oro.

El 17 junio se concentró en Cervera de Pisuerga y viviría el sueño olímpico de Barcelona. Aquel éxito no aumentó su caché... Y eso que en San Mamés le recibieron con un homenaje.

Desde aquel asunto escatológico de la micción David Billabona empezó a contar menos en el club rojiblanco. De titular indiscutible a la grada... O al servicio. Su primera campaña en el Athletic tras llegar desde la Real Sociedad con polémica disputó 35 encuentros y la siguiente 34 y después de la meada... Cinco encuentros. Cuatro de Liga y uno de Copa.

Billabona cogió fama de no estar muy bien de la cabeza. En la campaña 93/94 no llegó a tener ni un minuto en liga y jugó solamente 14 en Copa con Heynckes en el banquillo. El técnico alemán no entendía nada. En verano el irundarra no pudo salir, aunque tuvo una buena oferta del Rayo Vallecano. Su disgusto le llevó a entrenarse al margen para forzar su salida. Y no jugó más con el Athletic. Fue cuando Heynckes montó en cólera y dijo aquello de « Ustedes creen que ahora alguien tiene interés por este jugador?».

En enero por fin logró salir. Por supuesto que había muchos clubes interesados en un David Billabona con 25 años y con condiciones para ser uno de los mejores centrocampistas de Primera División. Recaló en el Racing en el mercado invernal y triunfó en Santander. La afición se enamoró de su despliegue físico acompañado por mucha calidad.

Billabona: 'mea culpa'

El joven 'león' pide disculpas por el insólito pis de Cádiz

El Athletic Club de Bilbao no gana para sustos. El último lo protagonizó David Billabona. Un incontenible 'ataque de orina' le obligó a descargar sobre uno de los postes del estadio Carranza. Le han puesto a caldo verbal y económicamente. Hoy quiere defenderse. Tiene derecho.

¿Es usted flojo de remos?

No. ¡Cagüendiez! Es la primera vez en mi vida que me pasa algo parecido. ¡La que he liado! Si se no lo hago.

Lo gracioso del caso es que nadie se dió cuenta hasta que apareció una fotografía en Bilbao.

Yo no quise ofender a nadie. Si la gente de Cádiz se ha sentido molesta, les ruego que me perdone. No pensé nada más que en descansarme los bajos. Habíamos vuelto del vestuario, tras el descanso, y el juego iba a reanudarse. Me era imposible regresar a la caseta. Me ví apurado y oriné. Nada más.

¿Y en el intermedio no pudo o no quiso?

No sentí esa necesidad tan brutal.

¿Las personas que estaban detrás de la portería no advirtieron que usted...?

No sé. Quizá alguna. El lío lo ha montado el Correo, el fotógrafo ese que, por lo visto, no tenía otra cosa en qué pensar. Si no se publica la fotografía estoy seguro que no pasa nada. ¡Qué se le va a hacer!

David Billabona • El jugador del Athletic ha sido el protagonista de la semana • FOTO: MIGUEL MORENO

Vamos, que la culpa es suya.

No digo eso. Me refiero a que el episodio había pasado prácticamente inadvertido. Nadie me comentó nada después del partido y el jaleo se organizó el lunes, cuando salió el periódico a la calle.

El club ha hecho casi una cruzada.

También. Doscientas mil pesetas de multa dicen que me van a caer. ¡Jo! Esta va a ser la 'meada' más cara de mi vida.

¿Se arrepiente de haber dejado San Sebastián y la paz realista?

No es cuestión de arrepentirse. Las cosas no salen en San Mamés como todos desearíamos, pero ya cambiarán. Eso sí, me quito el sombrero delante de los donostiarras. Me fui yo, se fueron Loren, Mikel Lasa, Iturrino... Y ya ve, clasificados para la UEFA. Parece como si esos tuvieran bastante con salir a la calle, coger tres chavalines y ganar partidos. Es increíble.

Mientras tanto, lo de ustedes es de locura: un 'león' le pega a un policía vasco y acaba en el cuartelillo, otro es detenido por conducir ebrio. Ahora, lo de usted. ¿Qué puede pasar de aquí a final de temporada?

Poca cosa: ya se acaba.

Este chico no pierde el sentido del humor.

Fue uno de los grandes aciertos en un mercado de fichajes de invierno de la historia del club santanderino. Curiosamente su llegada se cerró el día del famoso gol de Radchenko en La Catedral. Ese día las directivas acordaron una cesión con derecho de compra. Se le querían quitar de encima. Billabona jugó 17 partidos hasta final de campaña y anotó un gol con el equipo de Irureta. Se salió. El conjunto cántabro terminó octavo siendo recién ascendido. El guipuzcoano era un futbolista de un nivel altísimo y lo demostró las tres siguientes campañas siendo un fijo en el once.

Luego estuvo otras cuatro sin apenas poder jugar lastrado por los problemas físicos y también hastiado del fútbol. En Santander colgó las botas de tacos en la 2000/2001 tras un calvario con las lesiones y se puso las de montaña... Pero esa es otra historia.

David Billabona siempre fue una persona peculiar. Un superdotado para los deportes y un espíritu libre que huía de todas esas cosas del futbolista moderno: tatuajes, peinados, redes sociales o medios de comunicación.

A él le iba a otra cosa. Disfrutaba del juego, pero no del negocio y del circo montando alrededor del balón. Así que lo de retirarse a la montaña y vivir como un eremita siempre estuvo ahí, dentro de su cabeza, aunque los compañeros no le tomasen en serio. Kiko Narváez le apodaba en los noventa *el amigo de Heidi*.

El futbolista ya había salido del Athletic lastrado por su incidente en el Carranza... Mear en el poste de la portería rival en Primera División era un comportamiento inaceptable para el presidente de la entidad bilbaína. Eso le trajo al Racing, aunque antes había estado a punto de salir al Rayo Vallecano.

Después de su famosa meada en pleno partido el jugador quedó concentrado con la selección olímpica que dirigía el cántabro Vicente Miera. En 2017 recordaba en el periódico *ABC* aquella etapa que culminó con la medalla de oro en los Juegos Olímpicos de Barcelona. El futbolista vasco no tenía buen recuerdo del entrenador: «Éramos un grupo brasileño con un entrenador soviético».

En Santander fue feliz en lo deportivo y en lo personal. Hasta que comenzó su calvario con las lesiones. Los médicos no encontraban nada, pero él decía que sentía molestias. En sus cuatro últimas temporadas en el Racing disputó 12 partidos, pero solamente cuatro completos La culpa fue de tres fibrosis encadenadas en el músculo recto anterior de su pierna izquierda. Luego, ya en el 2000, se le rompió la cápsula y el abductor del primer dedo de su pie derecho. Con 31 años colgó las botas, algo que estaba deseando hacer. Ahora no tiene problema para realizar largas travesías con sus esquíes de montaña.

Sigue viviendo en una casita en los Pirineos cerca de Jaca con su mujer, santanderina, y tres hijos -dos niñas y un niño- cómodamente de lo que ahorró cuando era futbolista. Allí se instaló en 2004, aunque ya desde el año 2000 pasaba largas temporadas en la zona con su pareja. «La verdad es que esto es más pijo de los que pensábamos. Al principio pensábamos vivir en una cabaña por la zona de Broto, lejos de las pistas de esquí y de toda esa movida. Pero luego lo pensamos mejor, estar tan apartados teniendo hijos no era lo mejor», explicaba en unas de las pocas entrevistas que ha concedido estos años. El pueblo, Hoz de Jaca, tenía censados 73 habitantes en 2020, pero en invierno apenas hay una veintena que se queden. «Me gustaba jugar pero luego hay que estar a gusto con lo que se hace después. Cuando me aburro me gusta cortar leña y salir con mis perros. Todos han seguido en la vida social pero yo no encajo mucho ahí. Esa vida no está hecha para mí. Se pensarán que estoy con un burro en el monte...», se justificaba entre risas. En 2016 contaba en otro reportaje que «aún concedo entrevistas, pero algunas son sólo cotilleo. Me han llegado a preguntar si vivo con burros». Incluso le ofrecieron participar en el programa de la ETB *El Conquistador del Fin del Mundo*.

En otra de las charlas dejaba entrever su desencanto con el ambiente que rodea la élite de este deporte: «Me gustaba jugar al fútbol pero no verlo. Me sentía importante, pero siendo entrenador, no tanto, y para eso no viajo. Soy más de acción y estaba cansado de viajar. Prefiero la vida en libertad, hacer lo que quiero sin tener en cuenta el encorsetamiento de la sociedad. Pensar en el fútbol ahora me da pereza».

Billabona fue internacional en todas las categorías desde la Sub-17 y siendo muy joven ya había jugado con la Real Sociedad 42 partidos en la máxima categoría... Antes de los de los 20 años. Esto da una idea del potencial que tenía. El Athletic se lo arrebató a la Real tirando de talonario, se habló de 50 millones de pesetas. Una barbaridad en aquella época. Javi Clemente estuvo a punto de convocarle para la absoluta y llegó a tener nivel para una llamada del seleccionador cuando tuvo continuidad en el Racing, aunque entonces los futbolistas de los equipos menos grandes tenían complicado ir con España.

Ahora está muy alejado del circón del balón, aunque su hijo está jugando en la cantera del Zaragoza y tiene buenas condiciones: «No me gustaba todo lo que no era entrenar o jugar: ponerte un traje, hablar ante los medios, reunirte con el presidente, mantener una imagen, viajar tanto... Siempre quise tener una vida tranquila, el fútbol es incompatible con la familia».

Muy ocasionalmente todavía regresa a Santander para visitar a la familia de su mujer, Manuela Negrete. Sigue teniendo mucho cariño al Racing, pero lo recuerda como una vida lejana. No es mucho de esas cosas.

Seve en verdiblanco

¿Qué hace un golfista en las páginas de un libro sobre un club del fútbol? Pues reconocer el gran racinguismo que siempre mostró Severiano Ballesteros y recordar lo importante que ha sido el deportista de Pedreña para la región... Y también para el Racing. Seve siempre tuvo mucho cariño al equipo santanderino, desde niño, y no dudó en prestar su imagen de manera altruista para una campaña de abonados o para lo que hiciera falta. No invirtió su fortuna en el fútbol, lógico, pero siempre estuvo ahí cuando se le pidió algo. Fue abonado con sus hijos cuando pudo disfrutar de más tiempo al final de su trayectoria deportiva y llegó a ser un habitual de la grada durante un corto periodo.

Además del golf a Seve le gustaba correr, boxear o jugar al fútbol en la playa. Siendo de Pedreña intentó ser remero, era casi obligado en el pueblo, pero no le gustó nada el esfuerzo brutal que exige esta disciplina. Su padre fue campeón de España y junto con su tío Andrés ganó también la Bandera de La Concha en San Sebastián, remando en la bancada de la famosa trainera Castilla. La madre de Seve, Carmen, era un ama de casa muy sencilla y trabajadora, comprensible con cinco hijos en un entorno rural.

El mítico golfista contaba que una vez que triunfó y tuvo dinero nunca logró llevarla al cine o a alguna otra actividad de ocio, pero que fue ella la que le pidió ir a ver jugar en una ocasión al Racing contra el Real Madrid y pasaron una tarde inolvidable y muy emotiva en El Sardinero.

Los socios del elitista Real Club de Golf de Pedreña no solían ser muy amables con los caddies, chavales del pueblo, pero no todos eran tan estirados y maleducados con los jóvenes que trataban de ganar allí unas pesetillas. Uno de los que mejor se portó con Seve fue el médico Santiago Ortiz de la Torre, directivo del Racing. Aunque no dejaba buenas propinas (menos de lo establecido) le trataba muy bien y le permitía jugar con él y sus amigos. El pediatra recibió alguna queja del director del club por ello, pero le respondió con contundencia: «Yo juego con quien me da la gana». De tanto en tanto les regalaba a los caddies entradas para ver al Racing. Con aquellas invitaciones pudo Seve acudir por primera vez a los viejos Campos de Sport para ver un encuentro ante el Logroñés. El golfista mantuvo amistad con muchas personas del entorno racinguista, con el doctor Coloma, eterno en el palco, el presidente Valentín Valle, que también jugaba al golf en Pedreña, o con muchos futbolistas que pasaron por el club, como el sueco Mellberg, Sietes o Manjarín. También decía ser buen amigo de Francisco Pernía, que desde luego se mostraba siempre simpático y zalamero con los famosos.

A Seve le encantaba el deporte y su ambiente. De niño sacó 30 metros al segundo en una carrera de 1.500, su primer éxito deportivo.Contaba que cuando iba a la escuela no había pelota y se fabricaban una con trapos, pero tampoco había ni portería ni equipo... Así que era complicado que hubiese salido futbolista.

Con un campo de golf pegado a su casa y por el entorno que tenía lo normal es que la opción del golf le ganase a la del fútbol. Del Racing recibió varios homenajes a lo largo de su vida. Realizó el saque de honor en la inauguración de los Campos de Sport. Recogió la camiseta honorífica de la Asociación de Peñas y en 2008 protagonizó ya enfermo

la campaña de abonados con el lema 'Voluntad de ganador'. Tres años
después fallecería. Esa jornada de luto, sobre el césped del Rico Pérez
de Alicante se colocó una bolsa de palos en la que se podía leer 'Seve
para siempre' y el equipo portó brazalete negro en su honor. El Racing
ganó 2 a 3. Después, ya en casa, en el partido ante el Atlético de
Madrid toda la afición le brindó una ovación enorme. Los jugadores
saltaron al campo con una camiseta en su memoria y se desplegó una
pancarta con una imagen suya en Preferencia Este con Norte. Todo
estuvo consensuado con la familia del deportista y fue muy emotivo…
Acompañó hasta el resultado porque los santanderinos remontaron un
gol inicial de los colchoneros con tantos de los suecos Kennedy y
Rosenberg y con el triunfo se aseguró la permanencia. Hasta final de
campaña se lució en la equipación el logotipo de la fundación de Seve.

En enero de 2002 el Consejo de Administración presidido por Ángel
Coterillo le ofreció un puesto de directivo, que el golfista estuvo muy
cerca de aceptar. Finalmente, declinó la proposición a última hora,
pero incluso llegó a publicarse en prensa que el golfista entraba a
formar del Consejo porque durante unas horas estuvo convencido de
aceptar ese puesto para ayudar al Racing. La polémica con la
construcción del centro de ocio en el estadio le quitó las ganas.

El Racing en el cine y la televisión

El Racing parece tener un encanto especial para atraer a las producciones cinematográficas o televisivas. Es un club simpático, que tiene carisma, y podemos reseñar unas cuantas apariciones estelares tanto en el cine como en series televisivas.

Cuando visitó España por primera vez el mexicano Jorge Negrete en 1948 era ya una estrella internacional. Más que un cantante o un actor el galán azteca se había convertido en un fenómeno social. A su llegada a España miles de personas desbordaron la seguridad y el famoso intérprete de *México, lindo y querido* terminó sangrando y con la ropa rota arrollado por sus fans femeninas. Algo inédito en la época.

Un periodista le preguntó en Madrid si era aficionado al fútbol y qué equipos conocía de España. «En México son muy populares el Real Madrid y el Racing de Santander», respondió Negrete. Lo llamativo es que aquella temporada los santanderinos militaban en la tercera categoría del fútbol nacional... Eso sí, lograron el ascenso al finalizar la campaña.

Jorge Negrete debutó en el cine con *La madrina del diablo* (1937), y desde entonces intervino en un total de treinta y ocho películas. Popularizó así la llamada comedia ranchera, en la que encarnaba al personaje del "charro cantor", el macho valiente, buen tipo, adinerado, mujeriego, vital y arrogante. Aquel primer viaje a España también fue de trabajo y actuó en una coproducción junto a Carmen Sevilla: *Jalisco canta en S*evilla (1948).

Casi tan sorprendente como el conocimiento de Jorge Negrete del Real Racing Club es que el equipo santanderino se colase en una película de Pedro Almódovar. Es una breve presencia en la galardonada *Volver* (2006). El actor Antonio de la Torre discute con Penélope Cruz mientras ve un Racing-Deportivo en Canal Plus y bebe cerveza en lata. En la pantalla aparece Vitolo cometiendo una falta sobre un rival y Antonio Tomás de espaldas. Apenas es un instante, aunque la narración del partido de Carlos Martínez se escucha de fondo durante toda la escena. Los cántabros perdieron el encuentro, pero la cinta de Almodóvar fue galardonada nada menos que con más de 40 premios internacionales, incluso Penélope Cruz fue candidata al Óscar a la mejor actriz por ese trabajo. Y ahí estaba el Racing.

En *Hasta que el matrimonio nos separe* (1977) también nos topamos con una escena memorable vinculada al Racing y en los viejos Campos de Sport de El Sardinero. La película dirigida por Pedro Lazaga y con guion de José Luis Dibildos y Antonio Mingote tuvo un notable éxito, aunque ahora nos dé la risa con su planteamiento. José Sacristán y Emilio Gutiérrez Caba tratan de entenderse a gritos en Tribuna Principal hablando de la anulación matrimonial y del certificado de apostasía con un aficionado muy especial, Luis Ciges, haciendo de improvisado traductor entre los gritos de la muchedumbre en la grada.

Pero la película racinguista por excelencia es *Volver a vivir* (1966) dirigida por el santanderino Mario Camus y con un protagonismo notable del Racing.

El rodaje del film y su posterior estreno en el cine Capitol fue lo mejor de una de las peores temporadas de la historia del club. Al menos es lo que ha perdurado con el paso de las décadas. El Racing militaba en el Grupo Norte de Segunda División y quedó clasificado en el puesto decimosegundo. Hasta la última jornada del campeonato no evitó la promoción de permanencia a Tercera. Aquella campaña 66/67 ha sido la única en la que la Gimnástica de Torrelavega ha quedado clasificada por encima del Racing. Los blanquiazules fueron décimos.

La película narra la historia de un entrenador que fue un gran futbolista destrozado por la muerte de su esposa. Buscando empezar de nuevo regresa a su tierra y ficha por el club en el que triunfó de joven… Luis Rubio, así se llama el protagonista, se encuentra a un Racing que tiene tantos problemas como él. En Santander vuelve a enamorarse y recupera la ilusión por el fútbol y la vida. Eso sí, con más de un conflicto porque su nuevo amor, María, está casada con un directivo del club y un periodista intenta hundirle. Los resultados no acompañan y es destituido al conocerse su romance, pero los jugadores le necesitan y preparan con él en secreto el trascendental partido ante el Celta de Vigo en el que se juegan la permanencia. Al descanso, Luis Rubio quiere entrar al vestuario a dar la charla pero el presidente no le deja… Le propina un puñetazo y da su arenga. Los futbolistas regresan al campo motivados, ganan y logran la permanencia. Entre todos pasean a hombros a su técnico.

Eso es lo que cuenta Mario Camus con un tono de romanticismo nostálgico muy de su gusto. Era un gran aficionado al deporte y le encantaban los valores de superación que transmitían. Aunque el director de cine jugó principalmente al baloncesto era seguidor del Racing y del deporte en general: boxeo, ciclismo, bolos…

Volver a vivir envejeció bastante mal, sobre todo a causa de unos diálogos muy forzados. En las pocas copias que se conservan falta algo de metraje. Pese a todo sigue teniendo su encanto, especialmente para los aficionados del Racing. Además se muestran muchas zonas de Santander y de la región.

Mario Camus rodó la película entre dos trabajos de encargo para el lucimiento y promoción del cantante Raphael. Volver a vivir era una obra más personal y muchos de los temas y planteamientos que aparecen en ella luego terminarían siendo recurrentes en sus trabajos que no fueron adaptaciones literarias, su auténtica especialidad. «Está llena de entusiasmo romántico un tanto desmadrado por mi parte. Trata el tema que a mí me ha obsesionado desde siempre de la profesión antes que el amor, también la amistad, el hombre derrotado que sale del pozo en el que se ha metido, las viejas canciones, el mito, el periodista cabrón, las segundas oportunidades, los amores maduros… Si los diálogos no llegan a ser tan pretenciosos me hubiera quedado mejor», reflexionaba Mario Camus en 1996.

Durante buena parte de la temporada futbolística se fueron grabando imágenes en competición oficial y ya en las vacaciones de los jugadores las escenas de los entrenamientos y el resto de secuencias. Como no había suficientes goles filmaos –el Racing había jugado realmente mal aquella campaña– se organizó también un amistoso con el filial, el Rayo Cantabria, que terminó 7 a 4. Camus siempre tuvo influencia del neorrealismo italiano y le gustaba que en sus películas hubiese verosimilitud en todo.

El título de la película fue inicialmente El regreso de *Luis Rubio*, el nombre del protagonista. Para la censura, todavía imperante, se trataba de un guiño a Miguel Rubio, el guionista que firmaba la historia junto a Camus y uno de sus colaboradores habituales durante décadas. En realidad se trataba de una referencia política que recordaba a dos futbolistas de los que el protagonista toma algunos rasgos: Luis Regueiro y Gaspar Rubio. El primero fue uno de los emblemas republicanos y terminó exiliado en México tras la Guerra Civil. El vasco fue el capitán y el portavoz del Euzkadi, la selección de exiliados que recaudó fondos para el bando de la República durante la Guerra Civil.

El valenciano Gaspar Rubio, que estuvo considerado como el mejor jugador del mundo durante un breve periodo de tiempo, se declaró en rebeldía y dejó al Real Madrid tirado para irse a jugar a Cuba y México en 1930. Tenía unas condiciones extraordinarias, pero un carácter un tanto caprichoso y excéntrico.

Finalmente la película se estrenó con un título más genérico para evitar problemas, pero está claro que el protagonista regresa a casa tras haber estado fuera por algún motivo.

Valentín Raba era el capitán de la plantilla del Racing y recordaba aquel periodo de su carrera futbolística con mucho cariño por lo diferente que fue: «Fue una gran novedad para todos nosotros y una alegría formar parte de un rodaje de cine. Nos dimos cuenta también del tremendo trabajo que suponía, repetíamos muchas veces las escenas y esperábamos mucho tiempo. Era duro. Mario Camus hablaba mucho con nosotros y nos ayudada y explicaba personalmente todo lo que teníamos que hacer y el lugar en el que teníamos que ponernos. Además de ser de la tierra ya era entonces bastante famoso». El exfutbolista también recordaba el día del estreno con cariño: «El Cine Capitol estaba lleno y fue un gran acontecimiento social. Los jugadores nos quedamos un poco tristes porque de todo lo que se había grabado no salió ni la mitad».

El ambiente entre los futbolistas y el equipo de rodaje fue buenísimo, pero hubo tensión con los directivos del club tal y como recordaba Raba: «Me tocó negociar el sueldo con los productores como capitán. La directiva cobró mucho por alquilar el campo, las instalaciones y el material pero no quiso saber nada de nosotros. Nos pagaron 1.000 pesetas diarias por jugador, que era mucho dinero para la época, pero lo malo fue que la junta directiva decidió entonces no abonarnos el sueldo del mes porque dijeron que con lo de la película ya teníamos bastante. El acuerdo fue de 1.000 pesetas, pero solamente era para 15 futbolistas, no necesitaban más, pero claro, en la plantilla éramos muchos más… Así que hubo tortas para meterse. Al final, decidí como capitán repartir el dinero entre todos los que acudieran al rodaje porque ya estamos de vacaciones. No había sido una buena temporada, así que lo mejor del año fue participar en el rodaje y el dinero que nos pagó la productora, que compensó lo que no dejó a deber el club». Luis Sedano era el presidente del club y Ramón Cobo, el entrenador. En la plantilla destacaba el mítico Chisco, Toño Gento o el pejino Docal, que fue el máximo goleador del equipo con 18 dianas.

La elección del italiano Raf Vallone como protagonista no fue casualidad y fue elegido por Mario Camus por su pasado como futbolista profesional. Muchos años después apostaría por una joven promesa del ciclismo para protagonizar *El prado de las estrellas* (2007), Óscar Abad. El chaval logró la nominación del Goya como actor revelación, aunque no siguió el camino ni en el cine ni en el ciclismo. Camus decía que sería más fácil enseñar a actuar a un ciclista que tratar de que un actor montase como un ciclista que aspirase a ser profesional y resultase creíble. Antonio Valero fue el "profesor" de interpretación de Óscar Abad.

En el caso de Raf Vallone (1916-2002) no hubo ese problema ya que el italiano era actor y futbolista, además de muchas otras cosas. Era un prodigio intelectual, se licenció tanto en Filosofía como en Derecho y poseía una vasta cultura. En sus tiempos de juventud jugaba de extremo derecho al más alto nivel. Ganó una final de copa y perdió otra ante la Juventus. Disputó 23 partidos en la Serie A en los que anotó cuatro goles entre 1934 y 1941. Jugó siempre en el Torino, excepto en la temporada 39/40 en la que estuvo cedido en el Novara. Tenía un físico notable —medía 1,81, que era mucho en su época— y no era malo técnicamente. Tras aquel préstamo regresó al Torino, jugó un par de partidos y colgó las botas muy joven sin aparente explicación y de manera repentina para dedicarse al periodismo. Contó años después que mientras participaba en el Campeonato Mundial de Estudiantes en Viena varios jugadores de Italia se dejaron ganar por razones políticas. «Ya no podía quedarme en ese mundo», recordaba décadas después. Siempre mantuvo una gran implicación política con la izquierda, aunque sin ser militante.

En la película italiana *Los héroes del domingo* (1952) dejó constancia de sus habilidades con la pelota. En esa cinta participaron varios jugadores del Milan de la época. «Se notaba que había jugado al fútbol por muchos detalles técnicos. Se portó fenomenal con toda la plantilla y entrenó varios días con nosotros. Le gustaba pelotear y se veía que le gustaba relacionarse con la gente. Todos pensábamos que era un tío cojonudo. Al terminar el rodaje nos invitó a una mariscada en Puertochico», rememoraba Valentín Raba. La filmografía de Raf Vallone es impresionante con títulos como *Arroz Amargo* (1949), *El Cid* (1961), *The Italian Job* (1969) o *El Padrino III* (1990).

Valentín Raba también tuvo su papelito en la película del Racing. «No vino un actor y Mario Camus me convenció a mí para interpretar un pequeño papel. Tuve que repetir la escena siete u ocho veces. Fue en el Hotel Sardinero y el papel con frase me lo pagaron a parte y muy bien. Me quedé sorprendido de lo espléndida que era la cantidad por algo así... Pero a los pocos días me dijo la gente de producción que había sido muy inocente y que podía haber sacado mucho más por algo así», explica Raba. En su escena se escapa de una concentración para ver a una mujer y su entrenador, Vallone, le sorprende y mantiene una charla con él para aclarar el incidente.

Valentín Raba tenía un físico imponente, medía 1,87, altísimo para su época, y más para jugar en el centro del campo. También tenía mucho carácter. Si alguien tenía que tener protagonismo en la cinta ese era el capitán, al que le tocó lidiar en las espinosas negociaciones con la directiva y la productora. Algo le vio Mario Camus para ofrecerle el papel. Curiosamente siendo futbolistas del Celta le habían sancionado por una salida nocturna, algo parecido a lo que ocurre en la película.

Los Raba son además una institución en el racinguismo. Su padre había sido guardameta en el Racing desde 1928 a 1930 y en la familia hubo otro portero, José Luis González Raba, nieto del primero y sobrino del segundo. Pasó por la Gimnástica, Rayo Cantabria, Racing, Cayón, Parayas, Gama y Textil Escudo, donde colgaría los guantes al sufrir una lesión grave. Francisco Raba Allende, hermano del portero, se dedicó a la política y también tuvo un breve paso por el Racing, aunque sin llegar a debutar en partido oficial. Su sobrino, José Luis sí se estrenó y en Primera División. Fue en El Sadar en la temporada 86/87 y el Osasuna le metió cuatro. En la plantilla estaban Alba y Liaño, casi nada... Dos de los mejores porteros del fútbol español durante unas cuantas temporadas. El nieto de Valentín es el delantero Dani Raba, que continúa la saga al máximo nivel.

El actor Manolo Zarzo aparece jugando al fútbol en la playa de Laredo en *Volver a vivir*. Es una joven promesa que "ojea" el míster, Raf Vallone. El actor quiso ser futbolista de joven y no se le daba mal, también tenía un físico portentoso. Fue un actor muy prolífico tanto en el cine, 128 películas, como en la televisión y el teatro. Zarzo ya había aparecido jugando al fútbol en *Día tras día* (1951), de Antonio del Amo, su debut cinematográfico y luego trabajaría en otro film futbolero, *Las Ibéricas FC* (1971).

Mario Camus dirigió 19 años después casi un *remake* de *Volver vivir* titulado *La vieja música* (1985), aunque cambiando el fútbol por el baloncesto y a Raf Vallone por Federico Luppi. No son exactamente iguales, aunque comparten temáticas. Aquí Luppi no es un gran entrenador y "engaña" a la directiva para lograr el puesto y así poder asentarse en la ciudad en la que vive un antiguo amor. El actor cántabro Antonio Resines ejercía en la película de segundo entrenador del Breogán de Lugo y en las imágenes de partidos de la época se puede ver a jugadores como Brabender, Corbalán, Romay, Fernando

Martín o Biriukov. Jimmy Wright, jugador estadounidense del club lucense, también tuvo su pequeño papel en la cinta.

Hay más curiosidades del Racing relacionadas con el cine. Mónica Randall disfrutó de un considerable éxito trabajando en el cine y la televisión en los años sesenta y setenta. La intérprete barcelonesa ganó un Fotogramas de Plata por su papel en la genial *La escopeta nacional* (1978) y siempre le tuvo mucho cariño al Racing porque es sobrina del portero catalán Cristóbal Solá, que militó en el club cántabro en los años treinta y fue el guardameta del Racing subcampeón de Liga.

Más reciente es la incursión del ex racinguista Salva Ballesta como productor de cine, aunque tuvo escaso éxito con la película *El Rey Gitano* (2015). Su vecino de urbanización en Málaga era Dylan Moreno, que fue el que le propuso la idea loca de invertir en su proyecto. Mal negocio. El film lo dirigió Juanma Bajo Ulloa, que firmó también la comedia gamberra *Air Bag* (1997), que rodó los exteriores de su escena final en la Plaza de Italia con el Casino de Santander de fondo. A Salva le ofrecieron un cameo, pero rehúso salir en pantalla. *El Rey Gitano* tenía un reparto de lujo, con actores como Manuel Manquiña, Arturo Valls, Karra Elejalde, María León o Rosa María Sarda , pero fue un fracaso absoluto en taquilla. Curiosamente, Dylan Moreno, el amigo de Salva, interpreta al alcalde de Santander en la película *Altamira* (2016). Es un papel pequeño y eclipsado por el protagonismo de Antonio Banderas.

De futbolistas actores estamos escasos en el racinguismo, pero el cántabro Iván Helguera, que pasó por las categorías inferiores del equipo verdiblanco, aparece un instante en dos películas de éxito: *Goal! 2* y *Torrente 3*.

La relación del Racing con la televisión también es bastante llamativa. El club santanderino aparece en la serie *Homicidios* (2011) protagonizada por el cántabro Eduardo Noriega, además buen racinguista. En el primer episodio un estudiante universitario fanático del Racing irrumpe en un partido de fútbol pistola en mano y asesina a varios de sus compañeros. Cuando registran su habitación en la residencia, la cámara va mostrando todo el *merchandaising* racinguista disponible en la época. La investigación del crimen llevará a los policías hasta una casa Liencres. La serie no tuvo mucho éxito y fue cancelada después de su primera temporada. Eduardo Noriega no jugaba nada mal al fútbol en el colegio Los Agustinos, el mismo al que fue Sergio Canales. Cuando estaba en Francia presentando Tesis (1996) el presidente del Bastia le ofreció hacer una prueba debido a un malentendido cuando el cántabro contaba que jugaba todas las semanas. «Me refería a las pachangas con los amigos, pero luego entre bromas le decía al presidente que me dejara entrenar tres meses con el equipo, que estaba entonces en la primera división francesa y que luego ya hablábamos. Tenía el rodaje de *Abre los ojos*, aunque luego lo pensaba y me quedé con ganas de hacer la prueba», suele contar el actor santanderino divertido. Su ídolo de infancia era el delantero argentino Juan Carlos Verón.

Otro actor que presume mucho de racinguismo es Jimmy Barnatán. Debutó en el cine con la mítica *El día de la bestia* (1995) y luego ha tenido una larga carrera tanto en la gran pantalla como en la televisión. Firmó a medias con Fernando Guisado el documental *Racing Blues. Historia de un sentimiento* (2007). También tengo que mencionar, por la parte que me toca –fui su director con la producción de Luis Lobera–, del documental *No se juega (Un plante de honor)* (2015) en el que se relata lo sucedido en el famoso plante de Copa del Rey ante la Real Sociedad y la liberación del club en la Junta de accionistas del día siguiente. Al estreno en el Palacio de Festivales de Santander acudió un Paco Fernández recién destituido lo que motivó un pequeño homenaje popular y espontáneo para el técnico asturiano. Hay otros documentales y trabajos relacionados con el club, como el de los hermanos Montero: *Racing, fuerza y honor* (2016) o *Este año sí* (2020) sobre el ascenso logrado ante el Atlético Baleares.

En la popular serie *Cuéntame cómo pasó* también aparece el Racing, aunque de manera fugaz. En el episodio 275, titulado *Volver a empezar*, justo en las escenas del inicio que sitúan al espectador en 1983 aparece un gol del Athletic en los Campos de Sport de El Sardinero, que estaban abarrotados de seguidores bilbaínos. Quedaban seis jornadas para terminar el campeonato y los rojiblancos pugnaban con el Real Madrid por el título. En Santander vencieron 0-2. No hay ninguna mención a la escuadra verdiblanca.

El fútbol es un elemento perfecto para contextualizar una época en un relato de ficción, más todavía en un país como España. Y este recurso narrativo lo utiliza la serie *Patria* justo en su inicio y con una mención al Racing. El personaje de Txato se levanta de la siesta escuchando en la radio los resultados de la quiniela. Poco después saldrá a trabajar y morirá asesinado por la banda terrorista ETA a unos metros del portal de su casa.

En esa quiniela se cuela un Racing-Eibar de Segunda División casi al final. Y había que marcar la casilla del 1. El partido real corresponde a la jornada 21 de la temporada 89/90. Se jugó el 28 de enero de 1990 en los Campos de Sport de El Sardinero y el único tanto del duelo lo marcó

Gaby Mantilla a los ocho minutos superando a Garmendia. La referencia no aparece en la novela de Fernando Aramburu.

Armando Ufarte entrenaba al equipo santanderino que formó con Ceballos, Gelucho, García Jiménez, Mauri, Zinho, Marcelino García Toral (Edu Odriozola, 45), Wanderley, Javi, Gaby Mantilla, Miro (Pedrazzi, 51) y Pedraza.

Los dos equipos, Racing y Eibar, acabaron cruzando su destino en una última jornada fatídica para los santanderinos. El Racing fue incapaz de puntuar en casa ante el Betis y perdió 1 a 3 con un Chano en plan estelar y que celebraba su paternidad. Marcó dos goles y asistió en otro a Pepe Mel. El onobuense llegaría años después a ser internacional.

A los cántabros les bastaba un empate para salvarse o que no ganase el Eibar en Sarriá. Se confiaron y terminaron en Segunda B. En la sexta jornada había sido cuartos y se había soñado con ascender aquella campaña que terminó de la peor manera posible.

El Betis no se jugaba nada, ya era subcampeón de manera matemática y había subido a Primera. Unos años después se supo que el Eibar, el equipo armero, regaló unas magníficas escopetas de caza a varios jugadores béticos por aquel triunfo.

Y el Eibar ganó contra todo pronóstico en Barcelona al Español, 2 a 3. A los dos minutos de la segunda parte el conjunto catalán cambió de portero y se fue al banquillo Macario Meléndez para que entrase el bilbaíno Javier Echevarría, que encajó dos goles más que sospechosos. Fue el único partido liguero que jugó con el Español en dos temporadas. En la grada la afición perica cantaba el "que se besen" y "tongo, tongo". Los eibarreses se salvaron con un punto más que el Racing con la sensación de un amaño evidente que hasta insinuaba *Estudio Estadio* en el resumen del partido disputado en la Carretera de Sarriá.

En realidad el Espanyol tenía plaza de promoción de ascenso asegurada y no tenía interés alguno en ganar ese duelo para evitar jugar contra el

Tenerife de Xabier Azkargorta, Felipe Miñambres, Rommel Fernández y Quique Estebaranz, entre otros. Los catalanes se midieron finalmente al Málaga y lograron el ascenso en los penaltis. En la otra eliminatoria de promoción, el Tenerife, que era favorito, derrotó al Deportivo de La Coruña.

Regresando a la serie *Patria* hay varias referencias futboleras más. La familia de Txato cena viendo un partido de la Real Sociedad.

El hijo lo vive con pasión mientras que el padre sufre en silencio las preocupaciones de estar siendo extorsionado con la banda terrorista ETA, que le ha exigido su impuesto revolucionado. Se menciona varias veces a John Aldrige que aquella campaña 89/90 marcó 16 goles en Primera y era la gran estrella de la Real Sociedad. Había costado un millón de libras ese verano y era el primer extranjero que llegaba al club donostiarra en muchos años. La Real terminó quinta y Aldrige fue el cuarto máximo goleador de la Liga por detrás de Hugo Sánchez, Polster y Baltazar. La temporada siguiente anotó 17 goles en Liga, aunque el equipo no estuvo arriba. El hijo del Txato, Xabier, que es médico en San Sebastián, es muy aficionado al fútbol y a la Real tanto en la serie como en la novela. En una escena en la que está comiendo con su madre, Bittori, le dice que se tiene que marchar ya para ir al partido.

Aunque la serie de Aitor Gabilondo es correcta no le llega a la novela de Aramburu a la suela de los zapatos. Ver declamar a las actrices sobre una tumba o en una iglesia ante un cristo de madera no resulta muy creíble mientras que en las páginas del libro se puede expresar esa maraña de sentimientos de una forma más natural. Visualmente el trabajo se queda a medias en casi todo.

En un partido disputado en la capital ante el Rayo Vallecano en 1970 los dos equipos homenajearon a la actriz cántabra Julita Martínez, entonces una gran celebridad. La santanderina realizó el saque de honor del encuentro. Se había hecho muy popular en aquellos años trabajando en la serie *La casa de los Martínez*, que se emitió en TVE desde 1966 hasta 1970 y que se llevó también a la pantalla grande en 1971. La santanderina daba vida a la abnegada esposa de la familia numerosa. Julia Martínez se trasladó muy joven a Barcelona y tuvo una larguísima trayectoria en el teatro, aunque hizo sus incursiones en el cine con pequeños papeles y sobre todo en televisión en series de mucho éxito como *Hostal Manzanares* o *Manolo y Benito*.

*María Castro y Javier Cifrián saludando desde
el césped de Vallecas a los aficionados*

El actor cántabro Javier Cifrián fue uno de los habituales en el programa de humor *Agitación + IVA* y apareció luciendo camiseta del Racing más de una vez. El *sketch* de los condones con el escudo del club santanderino y sabor a kiwi triunfó entre los racinguistas... Por supuesto, no existe un producto así. En un espacio similiar y anterior, que emitía la ETB, *Vaya Semanita*, tampoco faltaron referencias al equipo montañés y a sus ultras españolistas (en otro *sketch* memorable)... Siempre con mucha gracia y respeto. En *El Informal* también Félix Álvarez se encargó de mostrar a todo el país la pasión racinguista. Javier Cifrián interpretaba en la serie *Vive cantando* (2014) a un exjugador del Rayo Vallecano propietario de un bar de barrio. Sin que se percatasen los encargados del atrezo, el santanderino coló en el decorado algún objeto racinguista entre todos los del equipo vallecano. Fue un pequeño guiño a la afición del equipo de su tierra, aunque actuando tenía que ser del Rayo Vallecano hasta la muerte y hasta tuvo que aprenderse de memoria el himno del equipo madrileño. Junto a su compañera de reparto María Castro fueron invitados al estadio a presenciar un partido ante el Espanyol... Perdió el Rayo Vallecano 1 a 4.

También ha aparecido el Racing en la serie *Estoy vivo* (2017-2020) con un grito de "gol de Pedro Munitis" que obliga al protagonista, Miguel Gutiérrez, a quitarse unos auriculares. Ya es como una tradición que se cuele el equipo santanderino y no otro. En la longeva *Amar es para siempre* (2013-2022), continuación de Amar en tiempos revueltos (2005-2012), también nos topamos con el Racing. Se menciona una victoria del equipo cántabro que se produjo de verdad en la temporada 75/76, 1-0 en El Sardinero con gol de Portu. Otra vez nos encontramos con que el fútbol sirve para contextualizar históricamente alguna conversación en la calle.

También ha habido futbolistas que han dado el salto a la tele. No ha actuado en una serie, pero sí presenta un programa en televisión el delantero chileno Mauricio Pinilla, que pasó sin pena ni gloria por el Racing. En su país es toda una celebridad. Pero sin duda como actor-futbolista el más grande es Vinnie Jones, que jugó ante el Racing en El Sardinero.

Toda una estrella de Hollywood enseñó su trasero a los fotógrafos de prensa en el vestuario visitante de los Campos de Sport de El Sardinero. Ocurrió en un extraño torneo triangular disputado en 1993 entre Racing, Real Madrid y Wimbledon un lluvioso lunes por la noche.

Fue un evento que pasó casi desapercibido en su momento, pero que ha terminado siendo mítico, como una película de culto. Nadie podía imaginar lo famoso que iba ser Vinnie Jones gracias al cine unos años después, aunque entonces tenía ya fama en Inglaterra.

El director Guy Ritchie casi a modo de broma le ofreció a Jones el papel de matón en su primera película *Lock, Stock and Two Smoking Barrels* (1998). Le iba como anillo al dedo. El rudo centrocampista, con uno de los peores historiales de sanciones de la historia del fútbol inglés, aceptó encantado y a partir de ese momento su imagen de chico malo le abrió las puertas del cine de par en par. Un año después de su primer rodaje colgó las botas y se dedicó de lleno a la interpretación con muchísimo éxito.

Ha participado en decenas y decenas de películas, series de televisión con pequeños papeles o incluso ha sido luchador ocasional en la World Wrestling Federation. En el universo Marvel es el villano Juggernaut al que ha dado vida en varios filmes, el último *Deadpool 2* (2015). La futbolera *Mean Machine* (2001) es una de las pocas que protagoniza y que además tiene temática deportiva.

Ya en su etapa de futbolista sentía una atracción especial por el espectáculo y por dar la nota. Su fama mundial se disparó gracias a un vídeo, *Soccer's Hard Men* (1992), en el que mostraba las mejores maneras de lesionar al rival sin que lo viese el árbitro y que recopilaba entradas brutales de la liga inglesa. Fue su primer 'papel'. La cinta VHS se vendió como rosquillas envuelta en la fuerte polémica por el fomento de la violencia en el campo. La Federación le multó con 20.000 libras por fomentar la violencia... El doble de lo que había pagado el Wimbledon por su traspaso.

En Santander apenas estuvo dos días, pero Vinnie Jonnes también dejó su huella indeleble con su fuerte personalidad. Recibió a los fotógrafos en el vestuario con un 'calvo' y unos cuantos futbolistas del conjunto inglés parecían bastante pasaditos, como recién salidos del pub. Algo que por otra parte acostumbraban a hacer habitualmente y seguramente formaba parte de su pose. Era la *Crazy Gang*, un equipo de chiflados. El trasero de varios jugadores del Wimbledon se publicó al día siguiente en la prensa regional tanto en *Alerta* como en *El Diario Montañés*.

El centrocampista publicitó su polémico vídeo y no pasó inadvertido fuera del terreno de juego. En el campo fue más discreto, aunque repartió estopa y vio la cartulina amarilla. Eso sí, estuvo a punto de meter un gol de cabeza a Ceballos y mostró su potente saque de banda que le permitía colgar balones al área desde lejísimos. Para el siguiente partidillo ante el Real Madrid, se disputaba solamente un tiempo de 45 minutos ante cada rival, fue sustituido, quizá por si lesionaba a alguna de las muchas estrellas de la escuadra blanca. El perro amarradito.

El vestuario del Racing ya conocía al personaje de Vinnie Jones, que comenzaba a ser muy popular. «La temporada anterior Paquito nos había puesto en el vestuario el vídeo de Vinnie Jones con entradas escalofriantes, así que nos llamaba la atención el personaje y nos sonaba. Recuerdo que Quique Setién comentó antes del partido que a los ingleses se les regateaba con un buen control de balón y en la primera que tuvo le medio lesionaron», cuesta Manolo Cantudo.

El capitán racinguista no se olvidó de Vinnie Jones y esa tarjeta de visita del inglés: «Tengo varios recuerdos de Vinnie Jones, uno en la tibia, así que creo que el control no fue del todo bueno, y el otro en una foto que nos hicimos varios antes de empezar el partido en la entrada al túnel de vestuarios con él. Vinnie Jones estaba con un radiocasete a todo volumen al hombro que yo no hubiera podido con él de lo enorme que era».

El triangular tuvo bastante emoción y poco juego. El Racing ganó al Wimbledon con un gol de Chili. El equipo que entrenaba Irureta dominó el encuentro e incluso no se señaló un penalti claro sobre Michel Pineda. En el segundo duelo los cántabros derrotaron al Real Madrid con un tanto de Radchenko, al que se le daba de maravilla marcar a la escuadra merengue, así que el último envite no servía de nada. Los madrileños derrotaron a los ingleses por 3 a 2. Marcaron Martín Vázquez, Butragueño, Doobs, Kimble y Michel.

Quique Setién recordaba años después que Vinnie Jones no tuvo una actuación muy destacada en El Sardinero: «Le tuve bastante cerca todo el partido y sufrí algunos encontronazos con él, pero su comportamiento fue bueno. No arreó ninguna de sus famosas entradas aunque tampoco me dejó ningún detalle especial de buen futbolista». El centrocampista fue nueve veces internacional con Gales ya que una de sus abuelas era de allí. En Inglaterra se tomaron con mucho humor aquellas convocatorias, el exfutbolista y comentarista Jimmy Greaves sentenció con sorna: «¡Estoy sorprendido! Tenemos cocaína y corrupción en el fútbol e incluso el Arsenal marcó dos goles en casa el otro día, pero justo cuando crees que lo has visto todo en el fútbol, Vinnie Jones se convierte en internacional». A pesar de todas las bromas y de ser un jugador eminentemente defensivo, Jones también logró sus triunfos: un ascenso a la máxima categoría con el Leeds o la FA Cup con el Wimblendon de la 87/88. No era un paquete con 184 encuentros oficiales en la Premier y 13 goles.

Luis Ángel Teja arbitró el encuentro del Racing ante los ingleses y el Real Madrid-Wimbledon, mientras que otro colegiado cántabro, Fernández Terente, dirigió los 45 minutos entre el Racing y el Real Madrid. Los británicos tuvieron alguna acción más que dura, poco apropiada de un amistoso. Teja sacó a los diez minutos la primera amarilla al famoso Vinnie Jones y se le encararon varios futbolistas. «Los jugadores del Wimbledon bajaban cantando del autobús y él llevaba al hombro un radiocasete gigantesco. Era todo un espectáculo. No recuerdo mucho, pero sí que tuve que sacarle una cartulina amarilla al poco de empezar el encuentro. Vinnie Jones era un tío de casi 1,90 y yo soy pequeñito, así que fue curioso. Al rato le cambiaron, me imagino que por la tarjeta», recuerda el árbitro. En la Premier Vinnie Jones fue expulsado en 12 ocasiones, récord que rebasó Roy Keane.

El motivo de aquel triangular fue que la empresa Dorna tenía que organizar pachangas al Real Madrid fuera del Santiago Bernabéu ya que en el estadio blanco los derechos televisivos pertenecían a otra firma. Un truco para esquivar el contrato y que intentaban explotar al máximo.

Este evento lo emitió TVE. No había Liga esa semana porque la España de Clemente se jugaba parte de sus opciones de estar en el Mundial de Estados Unidos en Dublín. Primero se anunció en el cartel al Levski de Sofía búlgaro y se habló también del Coventry, aunque finalmente vino el Wimbledon, muy popular gracias a Vinnie Jones. El presidente del Racing Francisco Mora había aceptado ser sede del torneo en una decisión personal y sin que se enterase el resto de la directiva, con el consiguiente cabrero de los consejeros que supieron del evento por los medios.

El Real Madrid se embolsó 40 millones de pesetas y el Racing la mitad de la taquilla y de las vallas publicitarias... Fue todo un fiasco, de los seis o siete millones de pesetas que esperaban recaudar se quedaron con dos y teniendo que pagar todo lo que conlleva abrir el estadio. Otras ciudades rechazaron organizar el triangular por su escaso interés en el momento... Varias décadas después se ha convertido en un certamen de leyenda.

Racing 1: Ceballos, Torrecilla, Cantudo, Zigmantovich, Pablo Alfaro, Luis Fernández; Quique Setién, Solaeta, Edu García; Michel Pineda y Chili.

Wimbledon 0: Segers, Fear, McAllister, Kimble, Fitzgerald, Vinnie Jones, Clarke (Blisett,43), Holdsworth, Earle, John Fashanu y Lawrie Sanchez.

Racing 1: Pinillos, Torrecilla (Juan, 30), Roncal, Merino, Gelucho, Geli; Popov, Zigmantovich (Munitis, 30), Torre, Radchenko y Pepe Aguilar (Endrino, 38).

Real Madrid 0: Cano, Vitor, Nando, Ramis, Llorente, Prosinecki, Toril, Villarrolla, Martín Vázquez (Maqueda, 36), Iván Zamorano (Morales, 15) y Dubovsky.

Real Madrid 3: Jaro, Vitor, Llorente, Nando, Sanchís, Milla (Maqueda, 37), Butragueño, Miche, Zamorano, Prosinecki y Martín Vázquez

Wimbledon 2: Segers, Fear, Mc Allister, Kimble, Fitzgerald, Blisett, Clarke, Doobs, Earle, Sanchez, Miller (Berry, 23).

José Luis Teja fue posteriormente delegado del Racing

Historias de la nieve

El 17 de noviembre de 1940 hizo muchísimo frío en Salamanca. Llovía como si tirasen calderos de agua y soplaba un viento que helaba la sangre. Hace falta haber vivido en la ciudad charra para conocer la sensación térmica que se puede sufrir allí, especialmente en la zona descampada de El Calvario, donde actualmente se encuentra la estación de autobuses y las nuevas universidades. Allí jugaba en aquellos años la hoy desaparecida Unión Deportiva Salamanca.

El Racing quiso liquidar el partido cuanto antes consciente de que era muy superior a los salmantinos. A los seis minutos Saras ya había abierto el marcador. Calvo y Víctor marcaron los dos siguientes tantos, ambos de falta directa. Se llegaba al primer cuarto de hora con un elocuente 0-3. Antes del descanso cayeron otros dos tantos del lado montañés. Saras habilitó un gran pase a Setuaín, un militar navarro que había sido destinado a Santander y había cambiado el Osasuna por el Racing, y en una gran jugada de Ramón Mesa, Saras anotó el quinto. A falta de cinco minutos para el final de la primer parte el ex racinguista Óscar, que ejercía de entrenador-jugador, anotó el tanto de la honrilla para los charros. En la escuadra rival jugaban otros dos ex del Racing y cántabros: Yayo y el portero Joven.

Hacía una temperatura tan glacial y el resultado era tan favorable para el Racing que los dos futbolistas tinerfeños que tenía el conjunto cántabro, Núñez y Mesa, recién llegados a la Península —habían debutado la semana anterior en Santander— se quedaron en el vestuario calentándose. También el gijonés Tamargo. No jugaron el segundo periodo, algo impensable hoy en día.

El colegiado vizcaíno Achandalabaso compensó un poco la inferioridad numérica, voluntaria, del Racing expulsando a dos futbolistas de la Unión Deportiva Salamanca. El vendaval arreció en los segundos 45 minutos. Era tanta la fuerza del viento y de la lluvia en una zona tan desprotegida que apenas se podía ver, mucho menos jugar al fútbol. El resultado no se movió en toda la segunda parte, 1-5. Hoy en día, probablemente, se hubiera suspendido el partido. El nombre del campo, El Calvario, fue premonitorio con el gélido sufrimiento vivido. El Racing acabó sexto y la UDS fue séptima en un grupo de Segunda División compuesto de 12 clubes. La Real Sociedad y el Deportivo ocuparon las dos primeras plazas y ascendieron.

La gran nevada de 1985 cubrió de blanco Santander durante una semana, incluso las playas. Era 16 de enero cuando la nieve sepultó Cantabria y después de la primera gran nevada José María Maguregui no pudo hacer entrenar a sus futbolistas sobre el césped y suspendió la sesión El técnico del filial, José Ramón Moncaleán, sí que hizo trabajar a sus jugadores sobre la nieve y eso que la mayoría tuvieron que llegar a La Albericia andando porque el servicio de transporte municipal no funcionó. La capital cántabra quedó paralizada y colapsada.

Circular por la ciudad era casi imposible, un caos. Famosa es la foto de un hombre esquiando por el centro de Santander aquellos días. La reunión de la junta directiva se tuvo que suspender porque solamente llegaron a la sede racinguista en el Paseo Pereda cuatro directivos. Los colegios suspendieron sus clases esa semana.

El club tuvo que pedir ayuda al Gobierno de Cantabria para retirar la nieve de los Campos de Sport y poder jugar el fin de semana. El viento sur limpió el manto blanco de la ciudad antes del domingo y se pudo disputar el duelo sin problemas el 20 de enero ante el Athletic. Se ganó 1-0 con gol de Mario Torres, el futbolista de Vioño de Piélagos.

En febrero de 1963 sí que se tuvo que suspender el encuentro entre el Racing y el Basconia por la nieve. Es la fotografía están de pie están Pedrito —padre del cantante Lucas González, de Andy y Lucas—, Abel, Gasull, Suco, Araújo, Gómez, Berasaluce, Odriozola y Pallás. Agachados podemos ver a Larzábal, Navarro, Rifé, Crispi, Lerma, Goñi y Bartelmi. Es el único partido del Racing que no se ha podido jugar en casa por ese motivo. Cuando disputó los santanderinos ganaron 5-1 con tres tantos de Crispi y dos de Rifé. Se han aplazado más choques por la niebla que por la nieve en El Sardinero.

El 19 de febrero de 1956 estuvo a punto de no poder disputarse un Racing-Sabadell pero una cuadrilla de obreros con palas lograron despejar el césped de nieve justo a tiempo. En todo el norte de España se suspendieron los partidos de fútbol, pero en Santander se jugó. El encuentro terminó sin goles.

No es habitual la nieve a nivel de mar, pero el club santanderino sí que se ha encontrado con grandes nevadas jugando como visitante. En la temporada 92/93 la nieve estuvo a punto de dejar sin ascenso a Primera a los racinguistas. El equipo santanderino, segundo en la tabla, tenía que jugar en Lugo, que estaba clasificado en la zona de descenso, con toda la cornisa cantábrica cubierta de nieve. El viaje hasta Galicia en autobús fue una odisea que duró más de diez horas.

El terreno de juego estaba en muy malas condiciones y una nevada cubrió todo el césped justo antes de comenzar el partido sin tiempo para retirarla otra vez. El árbitro preguntó a los capitanes su opinión, pero con la idea de suspender el choque, algo que parecía obvio. Los lucenses querían jugar a toda costa porque las condiciones adversas les favorecían mucho. Tenían un nivel técnico muy inferior a los cántabros y aquello lo igualaba todo. Quique Setién, capitán del Racing, se mostró partidario de jugar incomprensiblemente. El colegiado, Barrenechea Montero, le preguntó varias veces sí estaba realmente seguro... Según confesó tiempo después fue por no sufrir otro infernal viaje en autobús hasta Lugo. Cosas del destino luego Setién acabó viajando a esta ciudad durante años como técnico del conjunto gallego en el que estuvo seis campañas. El trayecto había durado horas y horas a causa del temporal y los futbolistas verdiblancos estaban exhaustos y desconcentrados.

Ni siquiera había un balón naranja para dirimir el encuentro, así que un empleado del Lugo estuvo buscando uno por todas las tiendas de la ciudad sin éxito. El encuentro arrancó con más de media hora de retraso y con un balón normal teñido con pintura plástica negra, la misma que se utilizó para delimitar el terreno de juego y las áreas. La solución chapucera fue un desastre y pronto se emborronó todo con la nieve y el barro.

El primer gol llegó en el minuto 23 a causa de un resbalón de José Ceballos. El Lugo, que llevaba más de 600 minutos sin marcar, le endosó tres al equipo de Paquito.

El autobús no pudo regresar a Santander debido a las nevadas y el equipo tuvo que hacer noche en Ponferrada con un ambiente funesto y la sensación de que no se tenía que haber jugado aquel choque. A raíz de aquel encuentro el Racing entró en una crisis de juego que le hizo sumar solamente un punto en cinco partidos y perdió la segunda plaza de la clasificación. Peligró el ascenso de manera muy seria. Afortunadamente, se reaccionó a tiempo con una recta final de campeonato gloriosa y aquella campaña se terminó celebrando un ascenso en El Sardinero ante el Español.

También ha ocurrido al revés, que las malas condiciones del campo a causa de la nieve han beneficiado al Racing. En enero de 2015 ganaron los cántabros 1-2 al Mirandés en Anduva con una meteorología extrema. Era el llamado Racing de los Cojones dirigido por Paco Fernández, una plantilla con un espíritu especial. Horas antes de que rodara el balón el choque estuvo a punto de suspenderse, pero no por la nieve sino por las inundaciones en una de las zonas del exterior del estadio. Unos 300 aficionados racinguistas padecieron el frío y la nieve en una grada descubierta por la que no se podía caminar sin resbalar por el hielo. Eso sí, la alegría por la victoria hizo soñar con la permanencia. Mítico recordar a los hermanos San Emeterio jugando con camiseta de manga corta y a Mariano resbalando por la nieve en la celebración del gol del triunfo en el minuto 89.

En la temporada 69/70 el Racing sufrió una encerrona blanca que parecía diseñada por Pathfinder, el guía del desfiladero. Era un partido ante el modesto Hullera en León. Era enero y el club santanderino militaba en la Tercera División, equivalente a la Segunda B actual.

Al llegar al pueblo, la Pola de Gordón, la expedición montañesa se encontró con un campo cubierto por la nieve. Parecía imposible jugar allí un partido de fútbol y así se lo comentaron varios directivos locales, que amablemente invitaron a comer al equipo. Después de una copiosa comilona con vino y chupitos se descubrió el pastel: habían despejado el terreno de juego después de la inspección racinguista y sí que habría partido a la hora prevista. Todo era una estratagema de la directiva del Hullera. La diferencia de potencial era enorme y el Racing sacó el partido adelante por la mínima, 0-1. Era una afición de lo más belicosa y un juez de línea anuló un gol legal de los cántabros ante las amenazas de un directivo local y la presión de la grada. En Santander los racinguistas golearon 7-0 a los leoneses sin tantos apuros y con el estómago vacío.

Esa misma temporada la expedición racinguista y cientos de aficionados quedaron atrapados en la nieve en Aguilar de Campoo regresando de un partido ante la Cultural Leonesa, que eso sí acabó con triunfo santanderino 1-2. Algunos jugadores, que tenían permiso pare volver por su cuenta, y seguidores racinguistas pasaron la noche en el Valentina, un conocido restaurante, esperando a que se despejara la carretera al día siguiente. Entre los futbolistas estaba Santi Gutiérrez Calle con la que era entonces su novia y después sería su mujer. Dos kilómetros más allá de Aguilar se quedaron atrapados con un Seat 600 en la nieve y tuvieron que regresar andando al pueblo.

En 2018 las Instalaciones Nando Yosu de La Albericia se convirtieron en el escenario de una novela negra sueca con los terrenos de juego cubiertos de blanco y un silencio sepulcral... El cadáver ese año fue el propio equipo santanderino que no disputó ni fase de ascenso a Segunda con Pouso en el banquillo. Finalmente el equipo salió a entrenar, aunque en muchas ocasiones con temporal fuera la plantilla se queda en el gimnasio o realizan una sesión de vídeo.

Tomás contra Quique

De Tomás González Rivera no se acuerda casi nadie. Para los racinguistas es solamente aquel mediocentro defensivo que se enfrentó a Quique Setién y la mayoría no recuerdan ni su nombre correcto. Es una especie de presencia fantasmal que arruinó una salida por la puerta grande del ídolo de muchos.

De aquel combate a pocos asaltos entre Tomás y Quique nos quedan algunas anécdotas y la pena de que no se arreglara aquel estúpido conflicto que impidió a Setién tener una despedida digna.

Tomás González fichó por el Racing en mayo de 1994 procedente del Valencia, en el que había estado cinco campañas en Primera División, siempre jugando más de 27 partidos de Liga. Se había formado en las categorías inferiores del Atlético de Madrid, aunque se hizo profesional con el Real Oviedo. Vicente Miera le quería como mediocentro para acompañar a Billabona, un puesto en el centro del campo que había ocupado Quique Setién la temporada anterior. El técnico pretendía adelantar al santanderino a la media punta o tal vez racionar sus intervenciones porque tenía ya 36 años y el entrenador de Nueva Montaña no creía que tuviera ya mucho más recorrido.

En la pretemporada de la segunda campaña de Vicente Miera y de Tomás, Quique Setién había tenido escayolada una mano. La víspera del partido de presentación los médicos le habían retirado la protección para que pudiera jugar algunos minutos. El futbolista santanderino dosificó sus fuerzas en un entrenamiento muy físico el día antes del encuentro.

Setién entró el último y algo retrasado respecto al pelotón que había realizado una larga carrera continua. Vicente Miera y su segundo, el asturiano Miguel Sánchez, se acercaron a preguntarle qué le ocurría al verle algo renqueante. «No pasa nada, mañana hay partido y he corrido mucho toda la semana, así que quería estar un poco más fresco para el amistoso», explicó el futbolista. Aquello le sentó muy mal al técnico, que bajó la cabeza y muy disgustado murmuró: «Igual es mejor que vayas pensando en dedicarte a otra cosa». El aviso era contundente: aquella temporada iba a jugar muy poco. Miera era muy cabezón en ese aspecto y solía mantener un once tipo, que no variaba casi nunca, y ya no veía al veterano medio siendo titular. El técnico cántabro siempre fue una persona bastante introvertida y seca en el trato. Setién nunca había mantenido una buena relación con él.

Tomás tenía 31 años cuando llegó al Racing y había jugado la campaña anterior 27 partidos en Primera División. También el partido de la Copa de la UEFA en el que el Karlsruher alemán le había metido siete goles al equipo valenciano apeándole de la competición. En su etapa en el Oviedo había coincidido ya con Miera y Miguel Sánchez.

En su primera campaña en el Racing disputó 33 encuentros ligueros, muchos junto a Setién, pero en la segunda parecía que el que se quedaba fuera del centro del campo era el santanderino, que cumplía esa temporada 38 años. Quique Setién pasaba a ocupar la media punta, el banquillo o muchas veces, la grada. La enemistad entre los dos gallos nació por culpa de una entrevista en el diario *Alerta* en la que Quique afirmó: «Estoy más a gusto jugando donde lo hace ahora Tomás, que es donde lo hacía la campaña pasada». Aunque el santanderino matizaba en sus declaraciones que no eran incompatibles en el campo, al madrileño aquello le sentó como un tiro. Esa semana en un entrenamiento, Tomás realizó dos entradas brutales a Setién. En la primera Quique pensó que había sido algo fortuito, pero después de la segunda se levantó y se encaró con su compañero preguntándole si tenía algo en su contra. Tomás le respondió algo así: «Si sigues jugando con nosotros, nos vamos a Segunda». Miera no dijo nada ni cortó aquella pequeña trifulca.

Tiempo después, en octubre de 1995, aquella bomba de relojería estalló. En un entrenamiento, Tomás volvió a entrar a Setién con los pies por delante con la intención aparente de hacer daño al cántabro. Algo que era habitual, aunque esa vez Quique tuvo que retirarse al vestuario dolorido y no pudo continuar la sesión de trabajo. Su enemistad era ya una evidencia para todos y generaba mal ambiente en el vestuario.

El Racing había sido apeado de la Copa del Rey ante aquel Numancia mítico que llegó hasta los cuartos de final y plantó cara al Barcelona pese a militar en Segunda B. Los sorianos eliminaron a tres clubes de Primera. En el partido de ida el Racing empató a cero en Soria, pero en la vuelta un gol de Jorge Barbarin en El Sardinero supuso la eliminación de los racinguistas. Quique no jugó debido a unas molestias en la espalda. Todos esperaban que se reivindicase en la Copa, ya que no estaba siendo convocado para los partidos ligueros.

En el siguiente entrenamiento después de aquella derrota ante los numantinos, Mingo, el utillero, estaba recogiendo las firmas de los futbolistas de la plantilla en un calendario de la franquicia Pizza World, que era propiedad de Quique y Gelucho. Cuando le llegó el turno de estampar su firma a Tomás, el madrileño se negó sabiendo para quién era aquel póster-calendario. Setién se levantó para decirle a Mingo que no insistiera y que daba lo mismo, así que tuvo que escuchar cómo Tomás le llamaba traidor. El capitán, que se había dado la vuelta para regresar a su sitio, se acercó de nuevo y le instó a repetir lo que había dicho. «Que eres un traidor, que lo has demostrado tirándote del barco en Copa». Los compañeros tuvieron que separarles. Dos días después, en un entrenamiento, Tomás entró por detrás a Quique con gran violencia y Setién se revolvió inmediatamente con toda la rabia acumulada de más de un año de enfrentamientos, malas caras y desplantes. El cántabro le atizó un puñetazo al madrileño en la cara. Antes de irse al vestuario Quique se acercó a Miera para decirle: «Mucha culpa de lo que ha pasado es tuya. No has hecho nada para evitar lo que estaba pasando».

El club le puso una multa de 100.000 pesetas y apartó a ambos del equipo. La imagen que se había dado era muy mala.

Solamente había que leer los titulares de los periódicos: «A tortas en el Racing» (*Diario16*), «La ley de la selva» (*Alerta*) o «Setién y Tomás acabaron a palos» (*Marca*). El futbolista santanderino, muy arrepentido, ofreció una rueda de prensa en el Hotel Chiqui para pedir perdón. «Quiero pedir disculpas a toda la afición del Racing por mi actitud, que es absolutamente reprobable. Siempre he considerado que para solucionar los problemas hay un camino a través del diálogo, y lo que yo hice fue un acto donde perdí los nervios. Me he dado cuenta de que ha sido un error por mi parte tremendo. Pido disculpas a la afición, a mis compañeros y especialmente a Tomás», aseguraba un

Setién muy arrepentido y emocionado, pese a todo lo que había vivido con el futbolista madrileño en el roce diario.

Pero el entrenador no le quería dentro del vestuario. No le consideraba ya útil deportivamente y no deseaba tener a los aficionados reclamando su presencia en el césped en cada uno de los partidos. Miera siempre tuvo un carácter fuerte y complicado, algo que a la larga le pasó factura. Sin duda, de fútbol sabía igual o más que cualquiera. Fue un técnico muy innovador, el primero en España en entrenar en doble sesión o en concentrar a los equipos después de los partidos. Dos medidas que no gustaron nada a los futbolistas de la época. ¡Es el único que ha subido a Primera con el Real Oviedo y con el Sporting! Su palmarés está ahí, la medalla de oro en los Juegos Olímpicos de Barcelona o el llegar a la selección nacional, algo que no está al alcance de cualquier técnico. Pese a todo, Vicente Miera tenía un carácter hermético y una manera de actuar esquiva, pocas veces miraba a los ojos y es algo que molestaba a muchos.

Después de empatar con el Albacete a cinco goles, Miera cenó con el presidente Francisco Mora y le advirtió de que o echaba a Quique o se marchaba él. La directiva trató de poner paz bajando al vestuario. El 10 de enero de 1996 Francisco Mora, Luis Anselmo Sainz, Miguel Falcones, Adolfo Trueba y Faustino Fernández Lanza se reunieron a las once menos cuarto en La Albericia con todos los futbolistas y el cuerpo técnico. Aunque no dejaron intervenir a Quique Setién, éste se levantó y habló para exponer lo que había sentido ante las provocaciones de Tomás. Los dirigentes le mandaron callar y todos fueron subiendo el tono de sus palabras. La reunión terminó con Vicente Miera gritándole a Quique Setién: «¡Eres un sinvergüenza! En todos los sitios en los que has estado has provocado y tenido problemas». El capitán racinguista le respondió que «los he tenido porque en esos sitios siempre me encontrado con gente como usted».

El entrenador abandonó el vestuario recordando al presidente: «O él o yo». Y Pancho Mora le comunicó a Quique que estaba apartado del equipo. Pocos días después le dejaría un mensaje en el contestador: «Hola Quique. Soy Pancho. Te llamo para decirte que hemos decidido despedirte. Ya hablaremos. Un abrazo». Vicente Miera también terminaría cesado por unas estúpidas declaraciones publicadas ese mismo día en el que se echaba a Setién y que aparecían en *El Diario Montañés*: «Estamos en un pueblo difícil, complicado, al que le gustan los líos y como es un pueblo que trabaja poco está pendiente de estos problemillas y cualquier cosa la agranda de forma exagerada». A ula una de la tarde estaba despedido y se anunciaba que Nando Yosu tomaba las riendas del primer equipo. Era una decisión salomónica... Del 'o él o yo' a los dos a la calle. Al técnico todavía le quedaba año y medio de contrato. El presidente que había dicho públicamente que si Miera no continuaba él también se iba no cumplió su palabra.

Tomás González siguió en el equipo y jugó 32 partido de aquella liga. Con casi toda la afición en contra, el madrileño realizó unas declaraciones muy irónicas en su despedida: «En Santander he aprendido mucho, sobre todo de política». Después se marchó al Marino de Luanco, en Segunda B y allí colgó las botas. Pocas más noticias ha dado al racinguismo.

Tomás, todavía en el Valencia, en el suelo con Quique detrás

Quimet Rifé, un azulgrana en la corte racinguista

Repasamos la trayectoria deportiva del catalán Quimet Rifé, una figura relevante del fútbol de finales de los años sesenta que pasó por el Racing.

Quizá Joaquim Rifé no figure en el olimpo de la historia del racinguismo y pocos aficionados recordarán su estancia en el club santanderino, pero el catalán fue un jugador importantísimo en su época y siempre guardó cariño a Santander.

Lo mismo era capaz de marcar un gol en el clásico del fútbol español que de secar a George Best o al alemán Overath, estrellas de su tiempo. Llegó a ser internacional absoluto y forma parte de la memoria colectiva futbolera al haber sido protagonista de más de una acción de esas que podemos calificar como mediáticas. Los "robos" del franquismo al Fútbol Club Barcelona se fraguaron precisamente con un penalti señalado a Rifé por una falta cometida a dos metros del área.

A Santander vino cedido siendo una joven promesa de 20 años y estuvo una sola temporada en la que se peleó por el ascenso a Primera División sin conseguirlo. Ya de vuelta a su tierra ganó títulos con el FC Barcelona y también se labró como entrenador un nombre en la institución azulgrana. Pero su último encuentro oficial como técnico fue dirigiendo a un Levante en el que jugaba su amigo Johan Cruyff y en los viejos Campos de Sport de El Sardinero, aunque el astro holandés se ahorró el viaje a Santander y se perdió la celebración de ascenso a Primera de los racinguistas.

Quimet Rifé Climent llegó a ser capitán del Barça, como también lo sería más adelante el cántabro Juan Carlos Pérez, y se mantuvo nada menos que 12 campañas en la primera plantilla de la escuadra del Camp Nou. Fue un futbolista polivalente, que empezó marcado goles y terminó como lateral defensivo. Valía para todo y en ese sentido fue un adelantado a su época.

Tras colgar las botas ingresó en el cuerpo técnico del FC Barcelona y terminó como primer entrenador del equipo que conquistó la primera

Recopa de Europa en Basilea, en mayo de 1979. La salida del club de su vida no fue la mejor, como casi siempre suele ocurrir en estos casos, pero ha sido una figura relevante en la institución azulgrana.

Joaquim, conocido familiar y futbolísticamente como Quimet, fue el segundo hermano que se dedicó al balón profesionalmente en la familia. Llorenç (Sant Celoni, 1938), el mayor, jugó también en el Barça entre los años 1958 y 1962. Actuaba de defensa central y tenía menos calidad que su hermano. Su padre también había jugado al fútbol a un nivel alto.

Quimet nació en Barcelona, el 4 de febrero de 1942, en el barrio obrero del Poble Nou. Su casa estaba muy cerca del campo del histórico y modesto Júpiter, conjunto en el que comenzó a dar las primeras patadas a la pelota. Luego ya pasaría al filial del Barcelona, el Condal, en la temporada 61/62. Jugaba de interior ofensivo. Destacaba por la rapidez y el gol. Entonces compaginaba el fútbol con su oficio de escayolista de la construcción... Realmente valía para todo.

Debutó muy joven con el FC Barcelona, con 19 años, un 8 de noviembre de 1961, en el feudo azulgrana y en un amistoso internacional frente al Niza. Los dos hermanos Rifé compartieron alineación.

Quimet, conocido entonces como Rifé II, destacaba mucho en el filial, en Tercera División, el equivalente a la Segunda B actual, pero con el primer equipo solamente participó en amistosos aquel año. Era lógico que el Barça le buscase una cesión para que se fuera curtiendo y en ese momento apareció el Racing, que quería pescar en otro gran caladero que no fuese el Real Madrid. Las relaciones con el club blanco flojeaban en esos momentos y las cesiones de los dos grandes eran fundamentales para la institución montañesa.

El presidente del Racing, José Vidal de la Peña, José González –el secretario administrativo– y el vicepresidente, José Luis Terán (que terminó la campaña como máximo dirigente), viajaron a Barcelona y Madrid en muchas ocasiones con la ilusión de lograr futbolistas cedidos.

El fichaje para el banquillo del técnico barcelonés Miguel Gual, que había jugado en el Barcelona y entrenado al Condal y al Osasuna, facilitó la llegada de buenos jugadores de la cantera azulgrana.

Fueron tantos los viajes de la directiva a Barcelona que en abril José González Alonso, secretario administrativo del club durante los 12 años anteriores, terminó la temporada viviendo allí y trabajado como delegado de una importante empresa industrial montañesa. Se le ofreció la insignia de oro y brillantes del Racing por sus servicios.

La plantilla se vio muy renovada para la temporada 62/63 a causa del descenso tras dos campañas en Primera. El Racing se habían desprendido de tres jugadores fundamentales: Paco Santamaría (Zaragoza), Sampedro (Mallorca) y Nando Yosu (Valencia). Estos dos últimos habían sido los máximos goleadores la campaña anterior y el central dejó un millón de pesetas en las arcas santanderinas, aunque la directiva 'vendió' la operación como un gesto para favorecer la carrera del defensa. Por lo menos gracias a esos traspasos las cuentas del club se sanearon.

Rifé era la joya de la cantera azulgrana y en Santander lo demostró: 24 partidos ligueros y 10 goles. También jugó los dos partidos de Copa ante el Cartagena, eliminatoria que se perdió. Siempre fue titular, pero se perdió las últimas seis jornadas por lesión. Llegó acompañado de Gasull y posteriormente el Barcelona cedió a Montesinos y Balcells para suplir a los otros dos dos por lesión y ya con el Condal sin opciones de ascenso. Incluso se probó a un quinto jugador del filial azulgrana, Mas, sin llegar a ficharle. El equipo montañés quedó tercero por detrás del Pontevedra, campeón, y del Español. Ambos ascendieron a la máxima categoría, los gallegos ascendieron de manera directa y los pericos promocionaron con el Mallorca, que perdieron la categoría.

Tras de quedarse cerca del regreso a la élite aquella temporada el Racing se fue apagando año tras año y sufriría toda una década de calvario hasta regresar a la Primera División en la temporada 73/74.

Después de dos cesiones más o menos fallidas ya que el objetivo para el Racing y el Nàstic de Tarragona era el ascenso y no se logró, Quimet Rifé comenzó una pretemporada más con el FC Barcelona con la ilusión de asentarse en la primera plantilla.

De izquierda a derecha: Barteli -portero-, Navarro, Gómez, Pallás, Lerma a y Crispi. Agachados: Suco, Rifé, Abel, Goñi e Isidro. 1963.

Aquella campaña 64/65 lo que cambió respecto a las anteriores fue la confianza plena que tuvo por parte del entrenador César Rodríguez. Se hizo con la titularidad como veloz extremo derecho desplazando al habitual titular, el castreño Peru Zaballa, a la banda izquierda. Antes de terminar la competición ya recibió la llamada de selección nacional.

En su segunda temporada en el Barcelona siguió como titular indiscutible en la banda derecha. Estuvo preseleccionado para el Mundial de 1966, aunque finalmente no entró en la lista definitiva para viajar a Inglaterra.

Quimet continuó a un gran nivel los siguientes años y el 28 de febrero de 1968 debutó en Sevilla con la selección española absoluta en un amistoso ante Suecia. Los locales vencieron 3-1 y Rifé anotó el último de los goles en un combinado nacional con futbolistas de gran nivel: Iribar, Tonono, Pirri, Claramunt, Amancio o Paco Gento.

Jugó también en otro amisto, la devolución de la visita a Suecia (1-1) y en el encuentro de vuelta ante Inglaterra valedero para la clasificación a la fase final de la Eurocopa de Italia. Se jugó en el Santiago Bernabéu y los ingleses derrotaron a España por 1 a 2 apeándola de la competición. En Londres habían ganado 2-0 los locales.

Rifé culminó su espléndida temporada 67/68 proclamándose campeón de Copa con el morbo de hacerlo en el feudo madridista. El único gol de la contienda lo anotó en propia puerta el defensa blanco Zunzunegui al intentar despejar un peligroso centro del propio Quimet a los diez minutos de comenzar el partido. Con 120.000 espectadores en el estadio comenzó una lluvia de objetos sobre los jugadores catalanes. El capitán Zaldúa tuvo que usar el trofeo para protegerse y la copa terminó abollada por los botellazos. Se la conoce como la final de las botellas.

En la campaña 68/69 el entrenador Salvador Artigas le encontró una nueva posición más defensiva para aprovechar su velocidad y resistencia. Su misión era ser la sombra del jugador más destacado del rival. Un perro de presa. En una semifinal de la Recopa tuvo la misión de secar al alemán Wolfgang Overath, objetivo que cumplió a la perfección. En la final, disputada en Basilea, el Barcelona cayó ante el Slovan de Bratislava por 2 a 3.

En la siguiente campaña, el técnico Seguer le encontró una nueva posición: lateral derecho. El 28 de diciembre de 1969 tuvo que frenar en el Camp Nou a un veterano Paco Gento en el clásico. El Barcelona venció 1-0 y Rifé se asentó como lateral al realizar un buen marcaje del cántabro. "No podía jugar Benítez y algunos compañeros me propusieron como el hombre que debía jugar en esa posición. Dijeron que yo era el único que tenía el valor para marcar a Gento y anularle, ya que él corría como una bala. Aquel día Gento no tocó balón. Ganamos y seguí jugando siempre de lateral", relata de Poblenou.

A partir de ese momento Quimet vivió una segunda juventud que le llevó de nuevo a la selección. Ladislao Kubala le convocó para la clasificación de la Eurocopa de 1972 que medía a España con la Irlanda del Norte de George Best. Venció el combinado español por 3 goles a 0 y el catalán realizó otro férreo marcaje sobre el llamado Quinto Beatle. Al final España no logró la clasificación y fue la Unión Soviética la que estuvo en la fase final en Bélgica.

La figura del futbolista catalán permaneció durante generaciones en la mente colectiva de los aficionados como el damnificado de los "robos" que sufría el Barcelona en beneficio del Real Madrid.

El 6 de junio de 1970 el Barcelona y el Real Madrid se enfrentaban en el Camp Nou en el partido de vuelta de los cuartos de final de Copa. En la ida los blancos habían ganado por 2-0 y necesitaban ganar aquel torneo para entrar en las competiciones europeas después de una mala temporada en la competición doméstica.

El partido lo dirigía un debutante, el vasco Emilio Carlos Guruceta Muro y el escándalo fue histórico. Rexach había marcado el 1-0 para Barcelona en el primer tiempo y en el minuto seis de la segunda mitad el colegiado señaló pena máxima por una falta de Rifé a Velázquez cometida a unos dos metros del área.

La afición culé montó en cólera y llenó de almohadillas el campo. Rifé, como capitán, quiso retirar al equipo y el escándalo fue mayúsculo. Antes del final, con 1-1 en el marcador, el público invadió el terreno de juego y hubo violentas cargas policiales en plena dictadura. El conjunto blanco terminó ganando aquella Copa... Ese penal quedó en la memoria colectiva y acrecentó buena parte de la leyenda negra que padece el Real Madrid de club protegido por el franquismo, aunque un par de años antes ya había habido otra polémica sonada.

Rifé contó que el colegiado le pidió perdón por aquel error en algunas entrevistas: «Me lo encontré poco después y me pidió que le perdonara. Acepté las disculpas porque ya no se podía hacer nada. No obstante, sirvió para que actualmente los arbitrajes sean mejores que aquella época».

En la temporada siguiente, 70/71, ya como capitán del Barcelona levantó la Copa del Generalísimo, así que tampoco había mano negra. Fue una de las finales más emocionantes de la historia y el club de la

Ciudad Condal se impuso 4 a 3 al Valencia con prórroga incluida. Curiosamente fue el último trofeo que entregó Francisco Franco en persona. El Barça se desquitó del trofeo "robado" el año anterior, aunque la polémica eliminación había ocurrido en los cuartos de final.

En el curso siguiente con el técnico holandés Rinus Michels en el banquillo, Rifé siguió firmemente instalado en la titularidad como lateral derecho, utilizando su gran velocidad para cortar internadas contrarias y proyectarse a su vez en ataque. Con 30 años cumplidos continuaba siendo un fijo en las alineaciones, pero le faltaba el título de Liga... Estaban esperando la llegada de un Johan Cruyff que lo iba a cambiar todo.

La llegada del astro holandés en 1973 varió el rumbo del club azulgrana y también el de Rifé. El catalán volvería a coincidir con el aterrizaje de otra estrella en la institución, la del argentino Messi cuando dirigía el fútbol base del club.

Quimet vivía la recta final de una carrera que no podía terminar sin un título liguero y se consiguió de la mejor manera posible y con un partido para la historia, el 0-5 en el Bernabéu. «Es uno de los mejores recuerdos que tengo como futbolista, por que hicimos un gran encuentro todos. Para ganar así en Madrid se debe jugar muy bien y nosotros lo conseguimos», recordaba en una entrevista en *Mundo Deportivo*. El Barcelona no ganaba el título desde 1960. Perdió la final de Copa ante el conjunto madrileño, pero ya daba un poco igual.

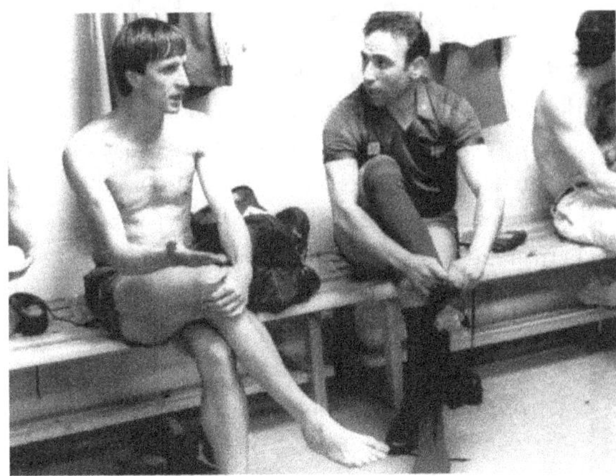

En la temporada 74/75 Rifé tendrá la oportunidad de participar por primera vez en la Copa de Europa. Se celebraba el 75 aniversario de la fundación del club y había mucha ilusión en conseguir algo en esa competición, pero el Leeds eliminó la escuadra catalana en semifinales. No se revalidó el campeonato de Liga ni se avanzó demasiado en la Copa. Una campaña tan decepcionante originó la marcha del entrenador Rinus Michels y el fichaje de un técnico con mano dura para encauzar al vestuario: Hennes Weisweiler. La medida resultó un desastre y el germano no acabó la campaña tras enfrentarse a Johan Cruyff y al vestuario. El cántabro Laureano Ruiz subió a dirigir al primer equipo, que sí volvió a alinear a Rifé.

Ya camino de los 34 años decidió colgar las botas al finalizar la campaña. Había disputado 291 de Liga anotando 23 goles, 527 en total con 47 dianas entre partidos oficiales y amistosos. El club culé le tributó un merecidísimo homenaje en el Camp Nou el 1 de septiembre de 1976 junto a sus compañeros Salvador Sadurní y Toni Torres, que también se retiraban. El rival fue el Stade de Reims francés y ganaron los locales 2-0 con tantos de Neeskens y Olmo. «Así como Guardiola se fue y lo hizo por la puerta grande, yo decidí marcharme para acabar bien. Porque en la historia del Barça, grandes jugadores y entrenadores han acabado saliendo enfadados. A mi esa idea no me gustaba y decidí irme», explica.

Rifé pasó a formar parte del cuerpo técnico a las órdenes de Rinus Michels, retornada de urgencia tras la debacle que supuso Weisweiler.

A mitad de la temporada 78/79 relevó a su antiguo compañero Lucien Muller como entrenador del primer equipo azulgrana. Sucedió en la jornada 28 de Liga y debutó ante el Sporting de Gijón en el Camp Nou con un espectacular 6-0. Pocas semanas después lograría el título de la Recopa en Basilea ante el Fortuna de Dusseldorf, 4-3. «Lo de Basilea fue algo espectacular. Casi tres cuartas partes del campo eran nuestras, porque se fueron unos 500 autocares desde Barcelona hacia allí. Nunca he visto tanta gente esperando a un equipo en un aeropuerto», rememora.

La temporada siguiente una eliminación europea ante el Valencia le costó el puesto y fue reemplazado por el veterano Helenio Herrera. "Ser entrenador del Barça cuesta mucho", dice todavía lacónico. Rifé se quedó en el club en calidad de jefe de los servicios técnicos hasta que en otra crisis institucional salió de la entidad definitivamente. Fue a raíz de un escándalo con cintas magnetofónicas y escuchas ilegales al que se denominó en la prensa el Watergate barcelonista.

En 1981, y durante unos meses, dirigió al Levante UD en Segunda A, reemplazando al ex-madridista Pachín. Los jugadores del conjunto valenciano estaban en contra del fichaje millonario de Johan Cruyff ya que se les debía dinero y todo el jaleo terminó con un relevo en el banquillo. El holandés exigió a su amigo Rifé en el banquillo granota. «Nos dijo que, o venía Rifé o él dejaba de jugar», indicaba José Estal Piñero, alias Baldomero, el hombre que financió aquel fichaje disparatado en una entrevista.

Curiosamente la última vez que Rifé se sentó en el banquillo fue en los Campos de Sport de El Sardinero. El Racing se impuso 1-0 con un tanto de Quique Setién. En Santander había comenzado de verdad su carrera profesional y en Santander concluyó. Se especuló mucho con la posibilidad de que Cruyff jugase aquel encuentro, pero finalmente no lo hizo… Se decía que para que alineasen al holandés en los partidos de fuera el club rival tenía que pagar una cantidad de dinero al Levante.

Junto con sus antiguos compañeros Torres, Asensi y Rexach, Quimet Rifé fundó en los primeros años ochenta la prestigiosa escuela de fútbol TARR, llamada así por las iniciales de los apellidos de sus cuatro creadores. Con la llegada de Joan Gaspart a la presidencia del Barça Rifé fue contratado para dirigir el fútbol base barcelonista entre los años 2000 y 2003... Mandaba él cuando llegó otra estrella que variaría el rumbo del club tal y como había hecho Cruyff: Lionel Messi. «Llegó y jugó su primer partidillo ante chavales más grandes que él. Se puso en la banda izquierda, cruzó con el balón todo el campo contrario y marcó con la izquierda. Un gol espectacular. Desde aquel día nunca he visto a un chico que juegue como lo hacía y lo hace Messi. Cuando lo vi, supe que llegaría muy lejos. Las jugadas a las que tanto nos tiene acostumbrados se las he visto hacer muchas veces. Cuando veo que lo hace ahora, siempre recuerdo aquel día», asegura sobre el argentino.

Con la llegada a la presidencia de Joan Laporta lo cierto es que Quimet Rifé salió del club sin hacer ruido y comenzó a trabajar en una empresa que instalaba césped artificial en los estadios y equipamiento deportivo, Decoresport. Ahora ya está jubilado. Con 77 años es uno de los socios más antiguos del club y el Barcelona le sigue motivando igual que siempre. «Mi vida ha sido el Barça y el fútbol. Soy un hombre que no sale mucho de casa, pero siempre quiero ir a ver el Barça. Es mi familia siempre lo hemos vivido con mucha pasión», comenta siempre.

La liguilla de Irigoyen

Posiblemente el descenso del Racing en la temporada 86/87 haya sido el más injusto de la historia. Nunca debió producirse y no descendió el peor equipo sobre el césped ni hubo motivos extradeportivos para condenar así a una institución.

En primera instancia el club santanderino se salvó y ya celebraba la permanencia cuando fue de nuevo llamado a filas... La famosa liguilla que se sacó de la chistera el presidente del Cádiz, Manuel Irigoyen, condenó al Racing a unos años negros como castigo a una temporada de juego rancio. Aquella treta de los despachos federativos se ha quedado grabada a fuego en la memoria colectiva del racinguismo como una de sus mayores pesadillas. Una injusticia tremenda orquestada en los despachos. Algo que tuvo poco que ver con el deporte.

Manuel Irigoyen

Fue la última temporada como entrenador del Racing de José María Maguregui y la que en gran parte 'manchó' su historial como técnico en el club montañés, aunque realmente el objetivo de la permanencia con una plantilla joven y de cantera se cumplió si no llega a ser por ese ardid federativo del dirigente cadista pergeñado a última hora. Tampoco Magu tenía un equipo para grandes alardes aquella campaña.

La principal novedad en el plantel fue la del dublinés Liam Buckley, procedente del Waregem de Bélgica, con el que había logrado llegar a las semifinales de la Copa de la UEFA. Eso sí había jugado 25 partidos del campeonato belga y había marcado solamente cinco goles… Escaso bagaje ofensivo para un delantero. Buckley, más rematador que rápido, llegaba para suplir a Campbell y al lesionado Víctor Diego, que únicamente pudo jugar cinco partidos a final de temporada, solo uno de ellos como titular, 189 minutos en total.

Para sustituir la baja del mediocentro danés Morten Donnerup se fichó al bético José Carlos Suárez. El gallego, pese a su calidad, no se asentó en el equipo del entrenador vasco sobre todo por un mal estado físico que le impidió consolidarse como titular en su única temporada en Santander. Suárez había sido la estrella de la cantera céltica, pero siempre había sido un jugador envuelto en polémicas… Sus dos primeros goles se los había marcado al Racing en Balaídos en marzo de 1977, 2-0. En 1983 el Betis había pagado 25 millones de pesetas por él como recambio de Cardeñosa. Se retiró en Santander con 30 años. Tenía calidad, mucho nombre, pero ya muy poco físico. El vasco

Ocenda, otro de los fichajes, tampoco tuvo continuidad por las lesiones.

En definitiva, fueron altas de saldo, había poca pólvora en la delantera y un Maguregui cansado después de tantos años en el banquillo racinguista. El técnico vasco se empecinó todavía más en su sistema ultradefensivo creyendo, quizá con motivos sobrados, que con aquella plantilla no se podía hacer otra cosa. Seguramente, a Maguregui le hubiera gustado cambiar de aires en verano viendo que el equipo no se reforzaba a su gusto y que tenía otras ofertas económicas mucho mejores. Pero el vizcaíno se quedó y en cierta manera cumplió con la misión casi imposible de salvar la categoría.

En las alineaciones racinguistas de aquella temporada hubo habitualmente un mínimo de siete cántabros en el once titular. La cantera fue la solución a todos los males generados por los penosos fichajes, como siempre suele ocurrir en momentos de crisis. El presupuesto de la campaña fue superior a los 300 millones de pesetas.

Durante la pretemporada Maguregui meditó ceder al joven Álvaro Cervera, cuyo juego no casaba con su fútbol defensivo, pero al final el joven extremo siguió en el equipo para convertirse, cuando las circunstancias obligan al técnico vasco a alinearle, en el futbolista más desequilibrante de aquel Racing. Cervera triunfó décadas después como técnico del Cádiz. Cosas del destino.

La Primera División se reestructuraba a final de aquella temporada para ampliarse de 18 a 20 equipos, lo que propiciaba que solo descendiera un equipo… Que de una manera rocambolesca iba a terminar siendo el Racing. A la fase regular se añadía un extraño play-off que alargaba la competición de manera innecesaria. Tras la primera fase se dividía a los equipos en tres grupos de seis que debían enfrentarse entre ellos a doble partido. Este caótico sistema terminó con una Liga de 44 partidos y el Cádiz como colista con 29 puntos, cuatro menos que un Racing que, anteúltimo, se creía salvado y llegó a dar las vacaciones a los futbolistas. Al fin y al cabo, si tenía que bajar uno éste debía ser el último de la tabla.

Con lo que nadie contaba es con otra fase final más... ¡La llamada liguilla de Irigoyen! Fue un Liga interminable, nunca se han jugado tantos encuentros en la competición doméstica, ni siquiera cuando se celebró una Primera División de 22 equipos. Con el play-off final, el Racing, el Cádiz y el Osasuna jugaron más partidos que cualquier otro equipo en toda la historia de la competición: nada menos que 46.

La temporada comenzó con una derrota ante el Barcelona en los Campos de Sport, y después el Racing sumó un empate y otras dos derrotas ante de ganar su primer partido de la temporada, en la quinta jornada ante el Sabadell, al que se consideraba como principal candidato al descenso. Así, el equipo se instaló desde el principio de la competición en el vagón de cola, y al final de la primera vuelta de la fase regular, tras un pésimo balance a domicilio, era antepenúltimo son dos puntos de renta sobre el colista.

Inesperadamente, en el mes de enero, al comenzar la segunda vuelta, el Racing venció en sus respectivos feudos al Atlético de Madrid y al Athletic, realizando además excelentes partidos y el panorama cambió totalmente. Ni el Real Madrid ni el Barcelona conseguían más que un empate en El Sardinero y se pasó de un -8 a un -3 en la clasificación. Volvió el optimismo y se recordaba que en temporadas anteriores las segundas vueltas del Racing con Maguregui fueron sólidas y fructíferas, pero todo fue un espejismo.

A partir de ese momento, el equipo fue a menos y casi se olvidó de jugar al fútbol. El espectáculo que se ofrecía era cada vez más deprimente y el aficionado santanderino, acostumbrado a sufrir, pero no tanto y con un fútbol tan pobre, dio la espalda al equipo como no lo había hecho nunca antes. Cada domingo se veía más cemento en las gradas de los viejos Campos de Sport y esto contribuyó notablemente a incrementar el déficit del club. Era un espectáculo insufrible, pero era Primera División... No valoras algo hasta que no lo pierdes.

En la recta final de la Liga, consciente ya de que sólo iba a descender un equipo, la plantilla se relajó, y Maguregui, que había tenido que echar mano de los canteranos Álvaro y Miro para la delantera, se encontró además con el contratiempo de perder al cántabro-guineano por lesión para varios partidos. El Racing terminó la fase regular penúltimo, con dos puntos más que el Cádiz y dos menos que el Sabadell.

El Racing quedó así encuadrado con estos dos equipos más el Osasuna, Murcia y la UD Las Palmas en la liguilla para la permanencia, que concluyó con el Racing (33 puntos) y el Cádiz (29) en los dos últimos puestos. Los gaditanos habían descendido de no ser por la estratagema federativa de su presidente. En el último momento y con el campeonato ya finalizado se decidió disputar un nuevo play-off con los tres últimos clubes. Irigoyen pergeñó un auténtico ejercicio de funambulismo federativo.

¿Por qué Osasuna y Racing plegaron velas ante la absurda petición del Cádiz? En principio, obviamente, se negaron, y en la Federación se les dio la razón. Irigoyen mandó a la segunda reunión a su 'perro de presa', Javier Téllez, como presidente en funciones de los gaditanos. Éste insistió a lo burro en que había que jugar una promoción entre los tres últimos equipos clasificados ya que solamente había una plaza de descenso. Un play-off, después de la Liga y de otra liguilla... Algo surrealista y ya con el Cádiz descendido. Téllez repitió las extrañas teorías de injusticia de Irigoyen y se negó en rotundo a cualquier otra solución. En principio, nadie le hizo caso y se habló del 'rostro' que tenían los cadistas. Pero Irigoyen tenía un as en la manga: el presidente de la Federación, José Luis Roca, le debía un favor por su apoyo en una votación de censura y amenazaba con echar abajo todos los acuerdos en la siguiente asamblea, que tenía un delicado equilibrio.

El secretario general de la Liga, Jesús Samper, calificó la amenaza del Cádiz como «un atentado a la democracia cuando todos los clubes se han mostrado de acuerdo con las propuestas presentadas». Dio lo mismo, Irigoyen removió Roma con Santiago. El Consejo Superior de Deportes, la AFE, la Liga y la Federación temían la amenaza de un conflicto, así que Racing y Osasuna, pensando de manera estúpidamente confiada que como el Cádiz estaba muy mal deportivamente no iba a tener opciones de ganarles, cedieron ante la presión de varios estamentos. Al máximo dirigente del Racing, José Antonio Cagigas, no le quedó otra opción que aceptar, temeroso ante las consecuencias que podría tener plantarse ante la Federación y la Liga, aunque muchos aficionados le pidieron que no cediera al chantaje de los cadistas. El club santanderino se aseguraba una taquilla más y evitaba problemas con las instituciones… Ese era el supuesto consuelo que ocasionó más lágrimas que otra cosa.

Osasuna, Cádiz y Racing jugaron este play-off exprés a una sola vuelta. Al final de los 90 minutos se lanzaría siempre una tanta de penaltis para solventar posibles empates. Esas penas máximas resultaron al final decisivas.

Los cántabros se enfrentaron al Cádiz y al Osasuna por quinta vez —sí, han leído bien, quinta y sin Copa— en la temporada. El sorteo quiso que el primer partido se disputara en los Campos de Sport ante los amarillos, mientras que el segundo debía jugarse en El Sadar de un Osasuna que aquel momento parecía, pese a su mala clasificación, superior al Racing.

Los datos mostraban una gran igualdad: el Cádiz había ganado por 3-0 al Racing en el Carranza y había caído por 2-1 en los viejos Campos de Sport en la primera fase, mientras que en la segunda el resultado había sido de 2-1 en el Cádiz y 3-0 en Santander.

Fue un partido muy tenso, los gaditanos se pusieron por delante con un tanto de Barla a pase de Mágico González y el Racing empató con un gol de Buckley. Luego hubo que lanzar una tanda de penaltis que terminó con victoria local 4-3. Miro, Tino, Abad y Buckley anotaron su lanzamiento. Isidro, que tiró con desgana pensando que aquello no servía de nada, estrelló el balón en el poste. Por el Cádiz marcarían

Mágico González, Pedraza y Calderón; Sánchez chutó directamente fuera y el meta Pedro Alba le detuvo a Linares su tiro. En el banquillo del Cádiz se sentaba un joven David Vidal, que iniciaba su carrera. Era el tercer entrenador que tenían los andaluces aquella campaña y en las gradas de El Sardinero estuvo Víctor Espárrago que ya tenía firmado su contrato con los gaditanos para la siguiente campaña.

Luego el Cádiz empató en casa a uno con el Osasuna en el Carranza en una batalla campal. Se adelantó de penalti el equipo local con un tanto de Mágico. Dos futbolistas de los gaditanos fueron expulsados y hubo mil interrupciones por lanzamiento de objetos desde las gradas. Los navarros lograron igualar la contienda en el minuto 90 con un tanto de Martín González y el árbitro tuvo que prolongar nada menos que 14 minutos el duelo.

En los penaltis, esta vez es el Cádiz el que vence por 4-3. El portero de los gaditanos, Jaro, lanzó el último penalti al travesaño... En ese momento nadie le dio importancia porque se había ganado la tanda de todas maneras, pero más tarde se advertiría que, de haberlo marcado y de haberse impuesto por dos goles en un 5-3, el Cádiz se hubiera asegurado estar en Primera, ya que con esa condición y con las combinaciones simuladas se demostraba que en el tercer partido siempre quedaría un equipo, Racing u Osasuna, como último clasificado, quedara como quedara el partido o los penaltis. Al Racing solamente le quedaba ganar en Pamplona, casi no había posibilidad de llegar a acuerdos ni fórmula matemática para que fuera el Cádiz el descendido... Solamente había una: un empate a dos o a más goles entre navarros o cántabros con la victoria del Osasuna en los penaltis.

El 24 de junio de 1987 cuando terminó el partido contra los gaditanos con empate a uno, en las gradas de los Campos de Sport de El Sardinero el comentario que más se escuchó fue: «En Pamplona no ganamos ni borrachos». La afición verdiblanca pensaba que su club estaba virtualmente descendido, pese a que se había logrado una primera permanencia válida. El ambiente era de una tristeza tremenda porque se creía que aquel iba a ser el último partido de la máxima categoría que iban a presenciar los emblemáticos y vetustos Campos de Sport, cuyo proyecto de derribo para el verano siguiente era ya un hecho. No se equivocaban los aficionados.

El día 30 de ese mismo mes Enrique Martín sentenció al Racing en El Sadar con dos goles que le dieron la victoria al Osasuna y rubricaron la pérdida de categoría. No hubo posibilidad de pacto. Los rojillos eran muy superiores.

El Osasuna salió con una intensidad exagerada, con un ambiente típico de El Sadar y los dos goles de Martín condenaron a los santanderinos. Michael Robinson le acompañaba en la delantera.

Ni siquiera hizo falta lanzar los penaltis, pues el Racing, con un solo punto quedaba descendido. Dos puntos sumó el Cádiz y tres el Osasuna, los triunfos solamente sumaban dos. Se había consumado un injusto descenso, pese al pobre juego exhibido toda la temporada. Hubo desbandada generalizada en la plantilla racingista. Muchos jugadores tenían atados ya sus contratos con otros clubes antes de terminar la campaña porque nadie esperaba esta última promoción. Todo se puso en contra. Fue un varapalo tremendo para la institución que penó seis años lejos de la élite. El Cádiz se quedó seis años consecutivos en Primera y el Osasuna, siete.

Manuel Irigoyen falleció en 1998 con 65 años. Fue presidente del club andaluz desde la 78/79 hasta la mitad de la 92/93, antes había sido tesorero de la entidad. Bajo su mandato el Cádiz disfrutó de su época de oro. Su liguilla no morirá nunca.

Irlanda y el Racing de Santander

Cantabria e Irlanda están unidas por algo más que Ryanair. La influencia celta está muy presente en la Tierruca y el fútbol también ha ligado a estos dos territorios de manera puntual, aunque Irlanda no es muy futbolero.

El Racing y el Shamrock Rovers comparten los colores verdiblancos y ambos clubes cruzaron sus caminos en los años ochenta, aunque la principal vinculación entre Irlanda y el equipo racinguista es el entrenador Patrick O'Connell, una figura esencial en la historia del club santanderino y también de los primeros años de La Liga.

Con su personalidad extrovertida se ganó a todo el racinguismo y sentó las bases para un club mucho más profesional. Luego ganó un título de Primera División con el Betis, precisamente venciendo al Racing en Santander en la última jornada de la temporada 1934/1935, y salvó al FC Barcelona de la desaparición durante la Guerra Civil siendo el hombre que impulsó una gira por América que les permitió escapar del conflicto bélico.

Mural homenaje a O'Connell en Belfast

Paddy O'Connell fue el primer irlandés que jugó en el Manchester United, del que llegó a ser capitán. A Santander se adaptó tan bien que estuvo nada menos que siete años. Vivía cerca de la plaza Cañadío y contrajo matrimonio con una irlandesa, para más señas la institutriz de los infantes de España, a la que había conocido un verano mientras pasaba las vacaciones con la familia real en el Palacio de La Magdalena. Toda una historia de cuento si no fuera porque el exfutbolista tenía otra mujer, igual de irlandesa, abandonada en la isla con cuatro hijos. Periódicamente enviaba dinero a su familia a través de giros postales con remitente anónimo. Uno de sus hijos le buscó años después y le encontró en Sevilla. El técnico le presentaba como su sobrino para no descubrir el 'pastel' a su otra familia. Pese a todo, O'Connel fue un gran técnico que clasificó al Racing para la primera Liga, dio al Betis su único título liguero —en Sevilla le llamaban 'Don Patricio'— y dirigió también al Barcelona, con el que ganó la Copa de 1936, en una etapa convulsa donde su talante dialogante fue decisivo.

En el museo del club catalán exhiben un busto suyo en recuerdo a la gira del equipo que impulsó por América en 1937 y que salvó a muchos futbolistas republicanos y a la propia institución. Después, en el más duro franquismo, volvió a entrenar al Sevilla, al Betis y al Racing, a estos dos en Segunda. Su figura como futbolista y entrenador se ha recuperado recientemente, pero sin duda debe ocupar un lugar de honor en el fútbol irlandés. Murió en Inglaterra solo, olvidado por todos y sin dinero como un indigente.

Han sido muy poquitos los jugadores llegados desde la isla verde a España. Solamente seis de los nacidos en Irlanda han debutado en Primera División y dos de ellos lo hicieron con el Racing de Santander.

Steve Finnan fue el último en hacerlo, con el Espanyol en la temporada 2008/2009. El ex del Liverpool tuvo un paso fugaz por España y poco exitoso. Ian Harte estuvo más tiempo en el Levante, del 2004 al 2007, y el resto ya lo hicieron en los años ochenta y noventa. Grimes pasó por el Osasuna y Kevin Moran militó en el Sporting un par de campañas. Los otros dos lo hicieron como racinguistas: Alan Campbell y Liam Buckley. El primero de ellos destacó mucho en su primera campaña en Santander, la 84/85.

A este sexteto hay que sumar a dos futbolistas más que han sido los que han dejado más impronta en La Liga: John Aldridge y Michael Robinson. Ambos aprovecharon sus antecedentes familiares para jugar con la selección de Irlanda y también prolongarían su vinculación al fútbol como comentaristas.

Aldridge nació en Liverpool y fue internacional en 69 ocasiones participando en la Eurocopa del 88 y en los Mundiales del 90 y 94 con el combinado del trébol. La Real Sociedad pagó por él un millón de libras en 1989 y ha sido el irlandés que más éxito ha tenido en España. Disputó 75 partidos —63 de Liga— y anotó 40 goles, 33 de ellos en Primera. Todavía es muy recordado por la anécdota de que le regalaban un chuletón por cada tanto... Su mujer no se adaptó a España y solamente estuvo dos campañas.

Aficionados del Ballybrack Seagulls FC en El Sardinero

Michael Robinson también tuvo un destacado paso por España defendiendo la camiseta del Osasuna, aunque no tan goleador. Sería su labor posterior como comentarista de radio y televisión donde lograría conquistar el corazón de todo el país. El ariete llegó a jugar en El Sardinero.

En 1985 participó en el Trofeo Ciudad de Santander el Shamrock Rovers, el equipo más laureado de Irlanda con 17 títulos ligueros y 24 Copas, con motivo del fichaje de Campbell. El conjunto de Dublín perdió 2-0 ante el Racing y cayó con el mismo marcador ante el Atlético de Madrid. El Racing se alzó con el trofeo gracias a un tanto de su nuevo ariete irlandés ante el Atlético de Madrid. Campbell batió a Abel Resino justo antes del descanso.

El Shamrock Rovers juega también de verdiblanco, aunque con rayas horizontales. Se les apoda The Hoops. Fue el primer club irlandés en disputar competiciones europeas y el que más futbolistas ha aportado a la selección nacional a lo largo de la historia. Existe una mención al equipo en 1899, aunque se fundó oficialmente en 1901. En 1987 vendieron su estadio a un grupo inmobiliario y desde entonces la institución cayó en desgracia.

El equipo de los Hoops que visitó Santander fue una de las mejores plantillas de la historia del club. Plantaron cara a dos buenos equipos de un competición española mucho más potente. Rubén Bilbao y Piru anotaron los tantos para el Racing que ganó al Rovers. El Atlético también les venció 2-0, con goles de Julio Prieto y Quique Setién. Esa temporada la escuadra irlandesa ganó la liga y la Copa, lograron cuatro ligas y tres copas consecutivas a mediados de los años ochenta.

La alineación de conjunto irlandés que perdió ante los santanderinos estuvo formada por: Jody Byrne; Neville, Kealy (Larkin 88′), Ecles, Brady; O´Brien, Doolin (Kenny 59′), Pat Byrne, Cordy; Steedman (Crawley 69′) y Hitchcook. Los nombres quizá no digan nada al aficionado español, pero varios de ellos son leyendas en el fútbol de la isla. Pat Byrne jugó en la NASL y logró un ascenso a la máxima categoría inglesa con el Leicester. Fue ocho veces internacional absoluto y estuvo en los Juegos Olímpicos del 88. El portero, Jody, jugó más de 300 partidos con el club dublinés, incluidos ocho de la Copa de Europa. Mike Neville es uno de los futbolistas más laureados del fútbol irlandés...

Todos ellos fueron jugadores importantes en Irlanda, aunque les faltó ese salto internacional. Varios de aquellos futbolistas que estuvieron en El Sardinero prolongaron después sus carreras en los banquillos en la isla.

Alan Campbell fue tres veces internacional con Irlanda y cuajó una primera temporada excelente en el Racing. Dejó en el Racing 22 goles en 77 partidos durante dos temporadas y un grato recuerdo en Santander. El rápido atacante irlandés pudo haber disfrutado más de su estancia si hubiese estado más acompañado en la delantera del conjunto cántabro.

Alan Campbell nació en Dublín en 1960 y vivió su mejor campaña en el Racing de la temporada 1984/1985. El equipo santanderino coqueteó con la clasificación europea y el irlandés fue el máximo goleador con nueve dianas en Primera a las que sumó otros dos tantos logrados en Copa y otro más que le hizo al Valencia en la Copa de la Liga. Fueron 12 goles en 38 encuentros en su primera campaña. En los 38 encuentros fue titular, aunque solamente 28 partidos los disputó completos.

El Racing comandado por Quique Setién quedó undécimo, pero se dejó ir en la recta final del campeonato después de estar sexto en la jornada 29 –en puestos de Copa de la UEFA– y a dos puntos del quinto, que era el Real Madrid y a tres del cuarto, el Athletic de Bilbao. Durante muchas semanas el conjunto montañés, recién ascendido, fue la revelación de la Liga.

Lo estaba haciendo tan bien el Racing con Alan Campbell en punta que vinieron a verle a los Campos de Sport de El Sardinero unos ojeadores de la Roma. La visita se publicó en la prensa y se habló mucho de una posible oferta de la escuadra italiana, que había perdido la final de la

Copa de Europa ante el Liverpool la campaña anterior. Durante varias semanas se especuló en los medios con su marcha. La Roma, en pleno proceso de renovación tras aquella final, firmó una muy mala campaña lejos de los primeros puestos de la Serie A con el sueco Sven Goran Eriksson en el banquillo.

Alan Campbell había llegado a Santander con 24 años recién cumplidos y también recién casado. Se le fichó a última hora por lo que no pudo jugar ni un solo amistoso con sus nuevos compañeros. Tampoco el Trofeo Ciudad de Santander que ganó el Racing imponiéndose al Oviedo y Videoton. Poco antes de comenzar el campeonato se organizó un partidillo con público en los Campos de Sport entre la plantilla para que pudiese rodarse lo mínimo.

Sin tiempo para aclimatarse y en la primera jornada José María Maguregui ya le puso como titular el 2 de septiembre ante el Sporting de Gijón en El Sardinero. Disputó los 90 minutos y poco antes del descanso anotó el único gol del duelo precisamente ante el otro club español que se había interesado en contratarle ese verano. No pudo tener un mejor debut. No entendía una palabra de lo que le decía el entrenador y apenas podía comunicarse con sus compañeros, pero anotó el gol de la victoria.

«Mi agente, Fernand Goyvaerts, mencionó un par de clubes que tenía interés: el Sporting Gijón y también el Racing de Santander. En un par de semanas se arregló todo y viajé a Madrid acompañado por Jim McLoughlin, el entrenador, y también con el dueño del Rovers, Louis Kilcoyne. Allí nos reunimos con representantes de Racing y todo sucedió muy rápido. Era una oportunidad fantástica. Me acababa de casar en junio y había comprado una casa, pero apenas nos dio tiempo a mudarnos porque a finales de agosto nos fuimos a Santander», rememora.

Para poner en valor lo que logró esa temporada hay que reseñar que en Liga marcaron nueve goles futbolistas como Orlando Giménez en el Espanyol –el ariete paraguayo había sido la gran referencia ofensiva de los cántabros unas campañas atrás–, José María Bakero y López Ufarte en la Real Sociedad y Quini y Eloy en el Sporting. Butragueño anotó solamente un tanto más y el máximo goleador del campeonato, Hugo

Sánchez, terminó con 19 dianas, aunque cinco conseguidas de penalti. El mexicano vivía su última campaña en el Atlético de Madrid.

La trayectoria de Alan Campbell apuntaba alto siendo muy joven. Debutó con el Shamrock Rovers cuando era un adolescente a finales de la década de los setenta. John Giles lideraba el proyecto –le ficharon en 1977– de reunir a los mejores futbolistas del país en el club del trébol para formar una escuadra potente en el país y dar un salto de calidad al fútbol irlandés y al menos superar un par de rondas de las competiciones europeas. También llegó con la idea de impulsar la cantera del club y crear escuelas en la base a imagen y semejanza de lo que se estaba haciendo en Inglaterra. No le fue bien al exinternacional irlandés y antigua estrella del Leeds, aunque ganó la Copa de 1978, pero al menos sentó las bases del éxito de la institución en los siguientes años. Entre 1984 y 1987 el Shamrock Rovers conquistó cuatro ligas consecutivas, dos de ellas con doblete (1984/85 y 1985/86) con Jim McLaughlin en el banquillo y se convirtió en el dominador del fútbol irlandés.

Campbell en su primera campaña con continuidad, 79/80 ya sin Gilles en el banquillo, marcó 22 goles y terminó como máximo anotador del campeonato irlandés con cuatro goles en la última jornada. El Shamrock Rovers solamente pudo ser cuarto. En la 83/84 volvió a ser máximo goleador de la competición con 24 dianas y su equipo ganó el campeonato irlandés justo antes de recalar en el Racing. Los Hoops llevaban 20 años sin lograr el título liguero. Campbell y Buckley formaban una gran pareja ofensiva que se compenetraba muy bien. Buckley no llegó a proclamarse máximo anotador de la competición irlandesa a lo largo de su carrera.

En la temporada 82/83 Alan Campbell y Liam Buckley disputaron los cuatro encuentros de la Copa de la UEFA que jugó el Shamrock Rovers. En Islandia ganaron 0 a 3 al Fram Reykjavík, con un gol de Campbell, y 4 a 0 en Dublín, con uno de Buckley. En la siguiente ronda cayeron en casa 0 a 2 ante el Universidad de Cracovia y 3-0 en Polonia.

Las buenas actuaciones de la pareja de delanteros no pasaron desapercibidas y ambos dieron el salto al fútbol profesional en el continente. Campbell al Racing y Buckley al KSV Waregem. "Jugar con el Rovers en aquella época fue realmente genial. En el 84 teníamos un equipo muy bueno cuando ganamos el campeonato. Yo era seguidor del equipo desde niño acompañando a mi padre, así que cumplí el sueño. Tenía 19 o 20 años cuando logré ser el máximo goleador de la competición y el Celtic de Glasgow se interesó por mí. Conocí a Billy McNeill, que era el entrenador, pero al final la operación no se cerró y firmé un nuevo contrato con el Shamrock Rovers", recuerda el ariete. Ya con mucha más experiencia y un campeonato en su palmarés pudo dar el salto al fútbol profesional.

Siendo tan joven su desembarco en un país extranjero en aquella época era mucho más complicado. La adaptación no era sencilla y además vivió en el Racing una campaña bastante convulsa en lo extradeportivo con algunos problemas de cobro, unas agitadas elecciones o la huelga de futbolistas. «En mi vida había visto un partido de la liga española. Entonces no es como ahora y apenas se podía ver al Real Madrid o al Barcelona en algún partido televisado de competición europea de manera muy puntual. Hoy en día puedes acceder al fútbol de cualquier país desde todas partes, pero no siempre fue así. Tampoco existía la tecnología que tenemos ahora para hacer videollamadas con nuestros familiares. Recuerdo que llamaba a mi padre desde España para contarle los resultados y cómo había ido el partido porque no tenía otra manera de informarse. Estaba muy aislado», relata. Cuando firmó por el Racing no sabía en qué sitio estaba la ciudad: «No había oído hablar de Santander, aunque ahora el banco es muy conocido y patrocina LaLiga. Tuve que mirar un mapa para ver dónde estaba. Luego descubrí un sitio que no podría haber sido más bonito. Es un lugar fabuloso y realmente disfruté el tiempo que estuve».

Aunque su temporada fue brillante en el aspecto deportivo esa adaptación lastró su rendimiento: «Me instalé con mi esposa, Nora, en un piso, pero yo no conducía, así que al principio tenía que confiar en otras personas para todo. El club me consiguió un intérprete, un chaval de unos 16 o 17 años, y él estaba en el vestuario conmigo. España ha cambiado mucho, como todas partes, en los últimos 30 años. Cuando estuvimos allí apenas había gente que hablara inglés. Al principio fue como que te arrojaran a un foso. El club nos puso clases particulares de español y eso nos ayudó mucho tanto a mi mujer como a mí. También sufríamos viajes en autobús muy largos. Salías un jueves o viernes y regresabas el lunes sin poder hablar una palabra y sin las distracciones que tenemos ahora, así que fue duro».

En la sexta jornada volvió a marcar en un triunfo 2-0 ante el Málaga y luego le hizo dos tantos a la Gimnástica en la primera ronda de Copa del Rey en un contundente 6 a 0. El equipo empleaba un estilo ultradefensivo y de los 12 tantos que marcó en su primera temporada solamente uno lo consiguió lejos de Santander, en la Copa de la Liga en Mestalla. «El juego que hacíamos era muy defensivo, especialmente fuera de casa. Solamente había un hombre adelantado y eso para mí era algo inaudito. Estabas solo y aislado arriba y todo el objetivo en los partidos a domicilio era conseguir el empate. Incluso en casa era muy extraño que jugasen dos delanteros», indica.

Campbell hizo buenas migas con Quique Setién, la referencia de aquella escuadra. «Teníamos un gran equipo, pero él en particular destacaba. Le fichó el Atlético de Madrid después de aquella temporada y fue al Mundial del 86. Quique hablaba un poco de inglés y solía ayudarme mucho. Era un gran tipo», apostilla sobre el cántabro.

En su segunda campaña en el Racing el entrenador vasco todavía acentuó más ese estilo conservador y la ausencia de Quique se dejó notar demasiado, aunque se logró la permanencia de manera holgada y el Racing concluyó decimosegundo.

Campbell jugó 39 partidos –30 en Primera– y anotó nueve goles, tres en la Copa, uno al Alavés de Manolo Preciado (1-0) y dos al Mestalla en un 0-3. Fue titular en 34 de los 39 duelos, 28 de ellos completos. Por poner ejemplos de jugadores que anotaron seis goles aquella campaña en Primera: Baltazar y Pichi Lucas para el Celta, Amarilla en el Barça o Pineda para el Espanyol. No eran fácil anotar en aquellos tiempos. Hugo Sánchez, ya de blanco, repitió como Pichichi con 22 goles, tres de ellos de penalti.

En la primera jornada de su segunda temporada se empató en El Sardinero sin goles ante el Barcelona de Terry Venables, que había logrado el campeonato en la Liga anterior. «Mis padres vinieron a verme jugar y recuerdo que Terry Venables, al que había visto varias veces antes, quería ir a tomar algo después del partido. No pudimos ir porque estaban allí mis padres. El Racing se portó muy bien con ellos y nos preparó varias visitas, lo cual fue increíble», apunta.

Los Campbell también tuvieron una visita en Santander muy especial meses después, la de Jacko McDonagh. El internacional irlandés había sido compañero de Alan en el Shamrock Rovers. Jugó en el Nimes francés y también en el KSV Waregem de Bélgica. «Recuerdo que condujo hasta Santander desde Francia para pasar la Navidad con nosotros, pero no tenía la dirección exacta. Es una persona muy dicharachera y fue parando a las personas en mitad de la calle para preguntarles si sabían dónde vivía. ¡Y al final encontró el sitio!», relata.

Tras esa segunda temporada la tensión con el entrenador fue aumentando. Maguregui no era fácil de llevar y el juego tan defensivo era especialmente duro para el delantero titular. La prensa en Cantabria escribió por error Alone Campbell cuando le ficharon, "Solitario", y así estaba en el ataque racinguista. «En el Shamrock Rovers jugaba acompañado de Liam arriba y eso era genial porque era muy bueno en el juego aéreo y yo podía aprovechar sus dejadas para entrar rápido. Pero en el Racing tenía que hacer un buen control y aguantar el balón. Apenas me llegaba la pelota una vez cada diez minutos y debía asegurarme de no perder la posesión y esperar a la incorporación de algún centrocampista», analiza.

Campbell también notó otra diferencia notable entre el fútbol irlandés y el español: la dureza de los defensores. No existía el VAR ni nada parecido y los delanteros sufrían entradas muy violentas por parte de los zagueros y los marcajes al hombre eran muy férreos. El irlandés venía de una competición amateur y de hecho firmó su primer contrato profesional con el Racing.

El contrato de Campbell que iba renovarse al final de la segunda temporada no se firmó. El Logroñés le hizo una oferta mucho mejor y se marchó a Segunda División. Con el conjunto riojano logró el ascenso a Primera mientras que el Racing perdería la categoría con un juego todavía más cavernario y con su amigo Buckely como delantero. "Cuando Liam firmó con el Racing después de que me fuera nos las arreglamos para reunirnos en el norte de España e ir a comer y tomar una copa", apunta. "Yo quería quedarme, pero tuve algunos problemas con el entrenador. Sentí que un cambio era lo mejor porque después de dos años en el Racing me había estancado. Resultó una decisión profética viendo que descendió después, pero deseaba quedarme en el norte de España", comenta.

Alan Campbell ya se había adaptado al país y eso se notaba en el campo. "Conducía, hablaba español y resultó que La Rioja era un sitio maravilloso para vivir. Logramos el ascenso a Primera División por primera vez en la historia del club y fue genial", dice.

El irlandés jugó 38 partidos, cinco de Copa, y anotó nueve goles, con los riojanos. Todos en Liga y sin penaltis. Solamente Latapia marcó más en su equipo, 14 con dos desde los once metros.

Con el ascenso a la máxima categoría no siguió en Las Gaunas: «Estaba la regla de los tres extranjeros en ese momento y solamente dos podían estar en el campo. Querían fichar a dos grandes estrellas extranjeras y me dijeron que iba a ser el tercer extranjero y que tal vez no podría jugar habitualmente, así que llegamos a un acuerdo y decidí irme».

Aquel Logroñés en su estreno en Primera, temporada 87/88, contaba con varios racinguistas como Gelucho, Chiri y Agapito Moncaleán. Se quedó el argentino Albis y se fichó a los uruguayos Nadal y Hugo de León. El croata Danko Matrljan jugó solamente medio tiempo en un partido de Copa y 18 minutos en Liga. Amaro Nadal, que había jugado en el Sevilla, fue el máximo goleador del equipo con ocho tantos en Primera y dos dianas más en la Copa.

El representante de Campbell, el conocido Fernand Goyvaerts —ex jugador del Barcelona y el Real Madrid—, le sugirió la posibilidad de ir a su país, Bélgica. Liam Buckley, con el que compartía agente, le había hablado muy bien de su experiencia allí así que Alan Campbell no se lo pensó, pero el destino no fue el más idóneo.

El Berchem Sport acababa de descender a la segunda categoría y no logró regresar a la élite por lo que el ariete irlandés enterró allí su carrera en Europa. Su amigo había estado en un KSV Waregem que jugaba muy bien al fútbol en la élite, en Primera y disputando competición europea, mientras que a él le tocó un modesto bregando en el segundo escalón de Bélgica, un campeonato sin visibilidad. En Amberes estuvo un par de campañas. La primera fue el máximo goleador de la escuadra, pero quedaron octavos muy lejos del objetivo y en la segunda repitieron puesto. «Había mucha presión para ascender, pero no logramos disputar los play-off de ascenso», recuerda. El club no superó aquello y actualmente milita en la tercera división con sus tiempos de gloria ya olvidados.

En el Berchem Sport jugó también aquel par de temporadas el internacional checo Werner Licka y el central Eric Van Meir, que disputó tres Mundiales con Bélgica.

Pese al fracaso deportivo Alan Campbell sí guarda buen recuerdo de su paso por el club belga: «Allí todos hablaban inglés por lo que nunca tuvimos problemas con el idioma y nos encontramos con personas excelentes. La adaptación fue muy sencilla».

Su carrera continuó en Escocia y fichó por el Dundee FC para la temporada 89/90. Jugó 15 encuentros y anotó dos goles. El equipo ocupó la última posición de la tabla y descendió, aunque Campbell se quedó allí a vivir con sus dos hijas las siguientes décadas. Aún reside en la ciudad escocesa de Dundee, aunque una de sus hijas —la que nació en Logroño— reside en Texas por lo que suele viajar a Estados Unidos con frecuencia.

Todavía jugó un par de campañas más con el Forfar en Escocia en la segunda categoría y colgó las botas en 1992 con 32 años. Tenía calidad y velocidad para haberse dejado ver más en competiciones más potentes.

Su carrera internacional fue bastante corta y también fue de más a menos. En 1984 disputó un partido con el combinado de la liga irlandesa, una especie de selección B, y un año después disputó tres partidos con Irlanda, pero no marcó. Uno de ellos fue un amistoso ante España que terminó sin goles en Cork. «Jugamos en Flower Lodge. Recuerdo un choque de cabezas con Andoni Goikoetxea —que luego fue entrenador del Racing— y los seis puntos de sutura que me tuvieron que dar. ¡La pelota estaba en el otro extremo del terreno de juego!», recuerda.

Como en el caso de Buckley la nacionalización de Michael Robinson les dejó sin sitio en la selección absoluta. Es de los pocos internacionales con Irlanda que no jugó en Inglaterra al igual que Liam Buckley. Este delantero tuvo un paso fugaz por el Racing y estuvo solamente en la temporada 1986/1987. Posteriormente tuvo una larga y exitosa carrera como técnico en su país.

Fueron 37 partidos con la camiseta racinguista, dos de Copa, y cinco tantos, uno de ellos en el famoso play-off final que se inventó Irigoyen, el presidente del Cádiz. De los 37 encuentros en 26 fue titular y solamente 16 los disputó completos. Vio una cartulina amarilla.

Liam Buckley no tuvo suerte en su paso por España ya que se topó con un Racing con poco fútbol y muy defensivo justo en la última campaña de José María Maguregui como técnico de los santanderinos. Le coincidió una temporada horrible del equipo y tardó en adaptarse especialmente a las peculiaridades del entrenador.

El atacante irlandés llegó a Santander para sustituir a su compatriota Alan Campbell, que había militado dos campañas en el Racing. La primera tuvo un rendimiento notable y marcó 12 goles. Incluso algunos clubes importantes de Europa estuvieron siguiendo al veloz delantero. En su segunda temporada su rendimiento fue más flojo y recaló posteriormente en el CD Logroñés en Segunda División. Allí anotó nueve tantos y el equipo riojano logró ascender a Primera División.

En su única campaña Buckley tuvo un rendimiento muy similar a esa última etapa de Campbell, que había disputado 34 partidos con nueve goles, tres en la Copa, en su segunda temporada. Sin contar los goles coperos Liam Buckley solamente anotó uno menos que su compatriota en un equipo que funcionó mucho peor. Era muy complicado jugar aislado en punta en aquel Racing de la etapa final de Maguregui, la que le marcó especialmente con la imagen de técnico amarrategui. El famoso autobús del Magu.

Los dos delanteros irlandeses tenían la misma edad, nacieron en 1960, y habían pasado por el mejor club de Irlanda: el Shamrock Rovers. Allí jugaron juntos y salieron traspasados el mismo verano uno al Racing y otro al KSV Waregem tras una gran campaña. Curiosamente ambos también pasaron por Bélgica, aunque en etapas y equipos diferentes. Campbell después de su paso por el Logroñés fichó por el Berchem y posteriormente estuvo en Escocia, en el Dundee y en el Forfar. Los dos llegaron a jugar con la selección absoluta de Irlanda, aunque muy poco. El "nacionalizado" Michael Robinson les arrebató la titularidad en el combinado irlandés gracias a que su abuela y su madre habían nacido en Irlanda.

Liam Buckley fue una vez internacional Sub-21 en 1981 y dos veces internacional absoluto en 1984. También formó parte de un combinado de jugadores irlandeses que jugaban la liga doméstica, una especie de selección extraoficial, que se fue de gira por Sudamérica. Disputó cuatro encuentros internacionales con este conjunto, uno de ellos ante la Argentina de un joven Maradona, que anotó el único gol del duelo, en el estadio Monumental de Buenos Aires.

Liam Buckley debutó en el Camp Nou en la primera jornada del campeonato 86/87 con 90.000 espectadores en las gradas. Gary Lineker, que también debutaba en España ese día, anotó dos goles a Pedro Alba y el Racing no tuvo opciones. El irlandés no tuvo oportunidades para acercarse a la portería defendida por Andoni Zubizarreta.

Su primer gol lo anotó en la cuarta jornada en El Sardinero ante el Sabadell. Los santanderinos ganaron 3-0 con tantos de Tino, Suárez y

Buckley, que anotó el último a Joan Capó en el minuto 59. Fue el primer triunfo de la campaña para los cántabros.

Liam Buckley había comenzado a jugar de una manera más seria en el Manortown United con 12 años. A los 17 vio un anuncio en el periódico convocando unas pruebas para el equipo Sub-18 del Shelbourne. Le cogieron entre más de 50 chavales.

Después de un solo año con el Shels, Buckley firmó su primer contrato con el Shamrock Rovers en 1979. Vivir del fútbol es algo bastante extraño en Irlanda donde mandan otros deportes, pero desde muy joven tuvo la opción de ser profesinal. John Giles, la leyenda del Leeds United y de la selección irlandesa le fichó y le apadrinó en esos primeros pasos. Había asumido el mando del Shamrock Rovers hacía un par de años y quería que los Hoops diesen un salto de calidad. Trajó a varios exinternacionales con Irlanda para hacer un proyecto ganador que incluso pudiese superar rondas en las competiciones europeas.

En 1981 John Giles se llevó a Buckley a Canadá unos meses. El entrenador combinaba dos trabajos y también dirigía a los Vancouver Whitecaps cuando terminaba el campeonato en Irlanda. Era algo habitual que los jugadores y técnicos británicos alargasen la temporada en Norteamérica. El delantero se marchó allí con su novia, Orlaith, y terminaría casándose y teniendo tres hijos con ella. Anotó dos goles en ocho partidos de la NASL de 1981. Al siguiente curso en Irlanda quedó segundo máximo goleador de la liga con 21 goles y estuvo a prueba con el Hannover 96. No le ficharon.

Con el Rovers se convirtió en uno de los mejores delanteros del país y en 1984 Eoin Hand le convocó para la selección irlandesa absoluta para dos amistosos ante Polonia y México. Era una selección potente con Liam Brady, Frank Stapleton o Mick McCarthy. El técnico necesitaba gol y tras ver que no marcó en esos dos encuentros encontró la opción de convocar a Michael Robinson.

A Giles no le fue bien en el Shamrock Rovers y solamente ganó un título, la Copa FAI de 1978. Ya con Jim McLoughlin en el banquillo la campaña 83/84 fue especialmente positiva. Buckley anotó 14 goles en liga y los Hoops ganaron el campeonato después de 20 años sin lograrlo. Formó una pareja letal con Campbell.

El ariete se rompió la clavícula en la recta final de la campaña y por eso no pudo incrementar su cuenta goleadora, aunque se recuperó a tiempo para marcar el gol ganador de las semifinales de la Copa FAI contra Shelbourne. Perderían después la final 2 a 1 ante el University College Dublin.

Su buena campaña hizo que fichase por el KSV Waregem en julio de 1984. Su agente era el exfutbolista belga Fernand Goyvaerts, que había jugado en el Barcelona, Real Madrid y Elche, y que luego posibilitó su fichaje por el Racing.

El campeonato belga vivía un momento de ebullición. En el Mundial de 1986 Bélgica lograría un cuarto puesto en la Copa del Mundial con grandes figuras como el portero Pfaff, Enzo Scifo, Ceulemans o Gerests. Su campeonato era en esos años uno de los más potentes de Europa y así lo demostraban en las competiciones continentales.

El KSV Waregem contaba con buenos futbolistas: el alemán Armin Görtz fue después un par de veces internacional absoluto y estaban también los hermanos belgas Millecamps, que jugaron la Eurocopa del 80, Danny Veyt y Philippe Desmet, que estuvieron en el Mundial de México, o Alain Van Baekel, que posteriormente ganaría tres ligas con el Anderlecht.

La escuadra flamenca más que destacar por sus individualidades lo hacía colectivamente practicando un juego brillante con buen trato de balón. El club terminó cuarto y logró clasificarse para Europa en un campeonato muy competitivo. El entrenador Urbain Haesaert logró una auténtica gesta con un club muy modesto. Fue un técnico muy innovador en su época que apostaba por los jóvenes y el fútbol de ataque ofensivo... Luego Liam Buckley iba a darse de bruces con el Maguregui más defensivo de toda su trayectoria.

En la segunda temporada de Buckley en el KSV Waregem el equipo se convirtió en la revelación de Europa porque llegó hasta las semifinales de la Copa de la UEFA. Haesaert se convirtió en el entrenador del año en Bélgica.

Eliminaron al Aarhus danés, al Osasuna, al AC Milan de Paolo Rossi, Maldini y Ray Wilkins, al Hajduk Split croata en los penaltis y cayeron en semifinales ante el Colonia alemán. Perdieron 4 a 0 en la ida y empataron a tres en la vuelta. El equipo alemán perdió la final contra el Real Madrid, pero tenía un equipazo con Pierre Littbarsky y Klaus Allofs en la delantera.

El delantero irlandés apenas participó en la Copa de la UEFA, en parte por una lesión en el pómulo que le tuvo parado varios meses. Solamente jugó la vuelta de las semifinales, pero ya con el resultado en contra de 4-0. Disputó los 90 minutos y empataron a tres tantos.

Buckley ya había disputado cuatro partidos de la Copa de la UEFA en la 82/83 con el Shamrock Rovers. Habían eliminado al Fram Reykjavík, lo que fue algo histórico para el fútbol irlandés, con un parcial de 7-0 – uno de ellos obra de Liam Buckley– y habían caído después ante el Universidad de Cracovia polaco.

Al KSV Waregem le pasó factura la hazaña europea y en la competición doméstica terminó octavo de 18 clubes. El irlandés había anotado cinco goles en 25 encuentros durante dos campañas, pero disputó solamente cuatro encuentros en la segunda temporada. Todo los tantos los marcó en su primer ejercicio y tres en sus primeros cuatro encuentros. Un bagaje poco llamativo.

El irlandés pasó de un Waregem con un estilo de fútbol combinativo al famoso autobús de Maguregui. «Teníamos buenos jugadores, pero simplemente no jugábamos lo suficientemente bien colectivamente a diferencia de lo que viví en Bélgica. Aquel Waregem lo hubiera hecho bien en LaLiga», indicaba en una entrevista sobre su paso por el Racing. En Santander lo peor fue la dificultad con el idioma: «Fue difícil hasta cierto punto. En el vestuario solamente dos hablaban algo de inglés. Mi mujer y yo nos apuntamos a clases de español para tratar de apañarnos rápido. En Bélgica hablaban flamenco, pero casi todos tenían un inglés fantástico, por lo que no tuve problemas. Luego cuando fuimos a la parte francófona de Suiza también nos encontramos con bastante gente que hablaba inglés».

Ya en la pretemporada que realizó el equipo en Villadiego (Burgos) se evidenciaron esos problemas y se llegó a apartar al irlandés del equipo para traer a otro extranjero. Se contrató a prueba al argentino Ricardo Mariano Dabrowski, que después se convertiría en una leyenda del

Colo-Colo al ganar la Copa Libertadores en 1991. Finalmente hubo que cumplir el contrato y Buckley se reincorporó a la escuadra santanderina.

Después del descenso con el Racing fichó por el FC Montreux-Sports de Suiza, en el que estuvo dos años, gracias a la recomendación del exinternacional irlandés Don Givens. Militaba en la segunda categoría del país helvético y era un conjunto semiprofesional muy modesto.

El matrimonio Buckley tuvo en Suiza a su primer hijo, así que decidieron volver a casa para recalar de nuevo en el Shamrock Rovers, que tras dominar el fútbol irlandés de los ochenta se encontraba en plena crisis debido a un traslado de estadio que salió mal. Para colmo sufrió una grave lesión, el cruzado, al poco tiempo de regresar y tuvo una recuperación muy problemática. Solamente pudo jugar 13 partidos y anotar un gol del 89 al 92.

Fue entonces cuando le llamó Brian Kerr para fichar por el St Patrick's Athletic, pero al poco de llegar se lesionó de los isquiotibiales y se quedó como técnico. Terminó recuperándose y disputando 55 encuentros con once goles, aunque ya le había picado el gusanillo de ser entrenador. Ganaron el campeonato en su segunda campaña allí y llegaron a la final de Copa. Tenía 35 años. Todavía jugó en el Sligo Rovers y en el Athlone Town, en el que colgó las botas en la temporada 1997/1998, como jugador-entrenador. «Después de un partido pensé que era una locura intentar jugar y entrenar al mismo tiempo. Simplemente no puedes hacerlo. Es casi imposible de hacer y me retiré así. Con el Athlone disputamos los play-off para ascender en 2001 lo cual fue un logro... Perdimos en los penaltis. En Copa vencimos a Shamrock Rovers en los cuartos de final. Fue un buen año», rememora.

Rápidamente se ganó un nombre como entrenador y regresó al St Patrick's, que había ganado la liga con récord de puntos la temporada anterior. Buckley repitió título y el equipo batió varios récords: puntos, goles anotados y recibidos. Todos los clubes de Irlanda jugaban 4-4-2 y el técnico apostó por un 3-5-2, igual que el Waregem en el que jugó.

A mitad de la campaña siguiente terminó destituido después de un bajón de rendimiento y diferencias con la presidencia. Buckley tuvo otro período de dos años con Athlone antes de regresar al Shamrock

Rovers ya como técnico. El equipo terminó tercero y llegó a la final de Copa, pero hubo cambios en la entidad y terminó cesado en septiembre de 2004.

No volvió a entrenar hasta 2008, aunque montó una escuela municipal deportiva en el condado de Fingal, al norte de Dublín, gracias al apoyo del ex delantero Niall Quinn. Liam Buckley puso en marcha un ambicioso plan de cantera que incluía la creación de un club profesional: el Sporting Fingal. No le fue nada mal allí e incluso ganaron una Copa, pero a los tres años comenzaron los problemas financieros y la institución se desmoronó tan rápido como se creó.

El exracinguista aceptó regresar al Pat's y lograría ganar la liga (2013), la Copa FAI (2014) y la Copa de la Liga (2015 y 2016). También superaron dos rondas de la Europa League para caer ante el Hannover 96 en 2012, una pequeña gesta. En 2019 firmó con el Sligo Rovers y es sin duda uno de los entrenadores más importantes de las últimas décadas en Irlanda.

Mención aparte merece el inolvidable Michael Robinson, que siempre tuvo cariño al Racing y visitó muchas veces El Sardinero como comentarista y presentador de televisión.

En España se convirtió en un ídolo, aunque no por sus regates o goles sino por su exquisito humor británico y tono afable delante de un micro o una cámara, por su rostro en la portada del PC Fútbol y por los magníficos ratos que nos hizo pasar al frente de *El Día Después* o con *Informe Robinson*. Han sido tres décadas de fútbol con su voz y su rostro. Se ganó el respeto de todos.

Michael Robinson (Leicester, 1958) falleció en Madrid a los 61 años de edad después de una larga lucha contra el cáncer dejando al fútbol español sin acento inglés. Jugó en los viejos Campos de Sport de El Sardinero, aunque nunca logró marcar al Racing. A la Tierruca la tenía un especial cariño gracias a Seve Ballesteros. «Era como un hermano para mí», llegó a decir el inglés del golfista cántabro.

Como futbolista fue un delantero clásico inglés, una referencia arriba que peleaba cada balón, y tuvo una larga carrera entre la Premier y la segunda categoría inglesa. En el verano de 1983 fue contratado por el

Liverpool, equipo del que   siempre fue declarado seguidor, por 200.000 libras tras tres buenas campañas en el Brighton. Unos años antes, en 1979, el Manchester City había pagado por él 750.000 libras, que en su momento fue un récord por un futbolista sin experiencia en la primera categoría, pero allí no cuajó. Tenía 21 años.

En aquel gran Liverpool nunca jugó mucho. La delantera la formaban Ian Rush y Kenny Dalglish, pero formó parte del conjunto que en la temporada 1983/1984 consiguió ganar Premier, Copa y Copa de Europa ante la Roma. Michael Robinson saltó al campo en la prórroga… y perdió el trofeo en el *duty-free*, aunque corrió como nunca en su vida para volver a recoger la copa.

En el siguiente curso mantuvo la misma dinámica, con solo siete titularidades, por lo que terminaría siendo traspasado al Queens Park Rangers en diciembre de 1984. En enero de 1987 el Osasuna pagó por él 25 millones de pesetas, pero una lesión de rodilla derecha le tenía ya muy mermado. El conjunto rojillo peleaba por eludir el descenso con el Racing y el Cádiz. Contó muchas veces la anécdota de que buscaba sin éxito la ciudad de Osasuna en el mapa. «Sabía decir hola, adiós y cerveza… Lo fundamental», comentaba años después con humor. Su español siempre fue un tanto particular, pero esa seña de identidad le hacía todavía más entrañable.

El debut con los pamplonicas fue el 10 de enero de 1987, una derrota contra el Athletic Club en San Mamés. Pronto se convirtió en titular bajo las órdenes de Pedro Mari Zabalza, y en su primera temporada logró siete goles en 22 partidos.

Jugó por primera vez ante el Racing en la jornada 34, el 5 de abril de 1987. El Osasuna venció 2-0 en El Sadar y Michael se enfrentó a una zaga formada por Roncal, Gelucho, Villita, Sañudo y Tino. Ya había anotado cuatro tantos desde su llegada a España, pero no pudo batir a Pedro Alba. Curiosamente en la jornada anterior le había marcado un tanto al Barcelona, 4 a 2 en el Camp Nou perdió Osasuna, y anotó dos tantos después de medirse a los cántabros, 4 a 0 ante la UD Las Palmas en El Sadar.

Su único partido en El Sardinero lo disputó el 17 de mayo de 1987. El duelo terminó con empate a uno. Miro adelantó a los cántabros a los cinco minutos y empató Lumbreras para los rojillos en el 32. Aquel único encuentro vestido de corto de Michael Robinson en El Sardinero, luego volvería decenas de veces a comentar encuentros, estuvo arbitrado por Enríquez Negreira. Por el Racing formaron Alba; Gelucho, Tino, Sañudo, Revilla, Juan Carlos (Víctor, 60), Abad, Ocenda, Chiri, Isidro (Buckley, 28) y Miro. Maguregui dirigía a la escuadra santanderina. En el Osasuna Pedro Mari Zabalza alineó a Roberto; Bustingorri, Castañeda, Sabido, De Luis, Sola (Benito, 85), Rípodas, Ibáñez, Lumbreras, Goikoetxea y Robinson.

Benito Ballent se convertiría después en un mito del racinguismo ya que la temporada siguiente pasaría a defender la camiseta de los montañeses. En el Racing jugó el irlandés Liam Buckley, que saltó para suplir a Isidro lesionado. Michael Robinson tenía pasaporte irlandés y fue internacional con la selección verde al igual que Buckley, aunque el racinguista solamente disputó un par de amistosos. Curiosamente, Michael Robinson era uno de los jugadores que "tapaba" las opciones de Buckley, que tenía un par de años menos que el delantero rojillo, pero menos currículum que un campeón de Europa.

Michael Robinson celebrando con Enrique Martín un gol al Racing, que mandaba al equipo santanderino a Segunda División.

El clkub santanderino regresó de nuevo al estadio de El Sadar en la jornada 44, fue una locura de campeonato con el estreno de los play-off, y perdió 4 a 0. Robinson disputó los 90 minutos, pero no anotó a Raba, titular en ese duelo.

Y todavía quedaría un último y trágico partido final en el estadio de Osasuna, el de la liguilla de Irigoyen. El Racing perdió 2-0 con dos goles de Enrique Martín y dijo adiós a la Primera División de manera injusta. Michael Robinson fue sustituido en el 84 por el ariete navarro Benito Ballent, que más tarde se convertiría en ídolo de la grada racinguista.

El atacante británico terminaría retirándose del fútbol profesional por culpa de sus molestias en la rodilla derecha con solamente 30 años, pero disputó dos campañas más con el Osasuna en Primera… La siguiente, 87/88 los rojillos quedaron quintos ya con Sammy Lee en el centro del campo. Fue un gran acierto que Michael convenciera a su amigo para fichar por los rojillos. Seguro que hubiese sido un gran director deportivo, aunque nos hubiésemos perdido a un comentarista televisivo excepcional.

Hormaechea y la venta del estadio

La pérdida del principal patrimonio material que tenía el Real Racing Club en una extraña operación urbanística ha supuesto uno de los capítulos más importantes de la historia de la entidad. Fue un hecho crucial que todavía sigue afectado de lleno a la institución: la venta del anterior estadio, que en realidad fue un embargo, y la construcción y uso del nuevo recinto deportivo. El asunto todavía colea en el siglo XXI.

Fue un acontecimiento importante de la historia de la ciudad y una trama bastante compleja y enrevesada, que no se ha explicado siempre de la manera más acertada y que se extendió durante años y años. Mucho de lo sucedido no se supo hasta décadas después y la venta-embargo tuvo también su paso por los tribunales donde estuvo un largo período varada.

El resumen es que el Ayuntamiento que dirigía Juan Hormaechea engañó al Racing literalmente, aunque fue la ciudad la beneficiada. El club intentó pelear después en los tribuales, pero acabó desistiendo. Hoy Santander disfruta de un parque más grande junto a la playa y no de bloques de viviendas en primera línea de costa o de un centro comercial. El Parque Mesones se amplió en más de 20.000 metros cuadrados con los terrenos que pertenecían al equipo de fútbol. El propio Hormaechea contó años después que el club pudo haber ganado 1.000 millones de pesetas... Y perdió su estadio por poco más de 30.

El Racing ya no tiene patrimonio, pero sí un estadio municipal, aunque con los problemas actuales derivados de aquella operación en cuanto a su uso y mantenimiento. El convenio de utilización no es nada conciso y el recinto requiere reformas urgentes. Hay quien asegura que ese patrimonio que tenía el Racing entonces se hubiera dilapidado de una u otra forma en poco tiempo y es también posible y creíble.

Es cierto también que la situación actual de los nuevos Campos de Sport no es la más adecuada y que el Racing necesita unas nuevas reglas de uso y una actuación seria del Ayuntamiento de Santander para poner al día una instalación inaugurada en 1988. No hay más que recordar cómo están los baños o ver las desfasadas torres de iluminación. No se ha podido acometer un plan de remodelación hasta que en 2022 se ha firmado un anexo al antiguo convenio entre la institución y el Consistorio para dar viabilidad a la instalación municipal tras meses y meses de reuniones, deliberaciones jurídicas y tiras y aflojas. El famoso convenio apenas son tres folios en los que además se hace referencia al antiguo estadio.

En la ciudad de Santander a veintiseis de Agosto de mil novecientos ochenta y tres, ante el ILMO. SR. ALCALDE-PRESIDENTE de este Excmo. Ayuntamiento, D. JUAN HORMAECHEA CAZON y en el Despacho de esta Autoridad, comparece D. JOSE LUIS CAGIGAS CASTAÑEDO,- mayor de edad, industrial y de esta vecindad, que interviene en su condición de Presidente de la Sociedad Deportiva REAL RACING CLUB DE SANTANDER, estando presente el suscrito Secretario General de la Corporación, D. JOSE LUIS ARACIL MIRALLES.

El objeto de la comparecencia es el de plasmar el contenido de los acuerdos de la Corporación Municipal relativos a las condiciones de la adquisición de la finca denominada Campos de Sport del Sardinero, cuyo dominio pleno ha adquirido el EXCMO. AYUNTAMIENTO en colaboración con la citada Sociedad Deportiva, y a tal efecto,

MANIFIESTA

PRIMERO.- Que la contraprestación municipal, por la adquisición de la mencionada finca consiste en el abono por el EXCMO. AYUNTAMIENTO al REAL RACING CLUB de la suma de CIENTO SETENTA Y CINCO MILLONES DE PESETAS (175.000.000 ptas.), más la condonación de todas las deudas por los conceptos de arbitrios, impuestos, tasas y, en conjunto, por todas las demás que tenía -o pueda tener- contraídas dicha Sociedad con la Corporación y su Agencia Ejecutiva.

SEGUNDO.- El EXCMO. AYUNTAMIENTO permitirá indefinidamente el uso de referida finca Campos de Sport del Sardinero al REAL RACING CLUB DE SANTANDER, pudiendo éste disfrute del Campo ser realizado por aquellas Sociedades que del REAL RACING CLUB traigan causa o relación, quedando el Campo evidentemente adscrito a la práctica del futbol.

uantas gestiones fueran precisas para conseguir la remodelación del Campo, aclarándose que no se trata de una construcción nueva, sino de la remodela- ción de los actuales Campos, aportando para ello cuantas negociaciones y - gestiones fueran precisas, con independencia de las aportaciones económi - cas que en su momento pudiera decidir la Corporación, salvo que se decida - construir un nuevo campo en el conjunto de los terrenos de los actuales Cam pos de Sport y los hoy colindantes municipales, por considerarse esta mejor solución.

CUARTO.- El mantenimiento ordinario de la finca deberá ser siempre - a cargo de la Sociedad Deportiva REAL RACING CLUB DE SANTANDER o de quien — esta Sociedad trajera causa.

QUINTO.- La citada remodelación del Campo llevaría implícita la orde- ación, de acuerdo con el proyecto que al efecto se elaborará, de manera que el terreno quede disponible para la ciudad en la forma que en tal proyecto se establezca y que nunca sea edificable.

SEXTO.- En consecuencia, puede estimarse que el AYUNTAMIENTO cede al REAL RACING CLUB DE SANTANDER el dominio útil de la finca, conservando el - dominio directo.

En cuyo estado se da por terminada la reunión, extendiéndose el opor tuno acta de todo lo cual yo, el Secretario, certifico.

AYUNTAMIENTO DE SANTANDER

Negociado PATRIMONIO Y C.

Núm. ....

Pongo en su conocimiento que el Excmo.Ayuntamiento Pleno—
en sesión ordinaria celebrada el día 2 de los corrientes, adoptó
el ACUERDO que a continuación literalmente se transcribe:

"168/11.-El Excmo.Ayuntamiento Pleno, por el voto favorable de todos los señores Concejales asistentes a la sesión y Pre
sidencia, en total catorce que forman la mayoría, absoluta del —
número legal de los que íntegran la Corporación, ratificó, en sus
propios términos el acuerdo adoptado por la Comisión Municipal —
Permanente, en sesión celebrada el día 19 de mayo del año en cur
so sobre adquisición de terrenos del Racing, y que lleva el núm.
840/2, figurando transcrito en el acta de la sesión antes mencio
nada."

El citado acuerdo núm. 840/2, es del tenor literal si —
guiente:

"840/2.- Se recibe un escrito del Sr. Presidente de la —
Junta Directiva del Real Rácing Club de Santander, fecha 13 de -
los corrientes, comunicando que dicha Junta ha acordado, en rela
ción a la transmisión de los Campos de Sport del Sardinero a favor de esta Corporación municipal, realizar la oferta siguiente,
que estará supeditada a la autorización de la Asamblea General-
Extraordinaria de Compromisarios y cuyo tenor literal es como si
gue:.-"A.-Prestación del Real Racing Club: Ceder y tramitar la -
propiedad de los Campos de Sport de El Sardinero al Excmo.Ayunta
miento de Santander.- B.- Contraprestación Municipal.- 1).-Que -
el Excmo. Ayuntamiento de Santander pague al Real Rácing Club -
la cantidad de 175.000.000 (CIENTO SETENTA Y CINCO MILLONES) de-
pesetas más la condonación de todas las deudas que por arbitrios
impuestos, tasas, y, en conjunto, por todas las deudas que
tiene - o pueda tener- contraídas esta Sociedad con esa Corporación y la Ejecutiva de la misma, con el fin de que el Real Rácing
Club pueda proceder al pago de las deudas que viene arrastrando-
durante estos últimos años.- 2).- Permitir el uso indefinidamente del campo de fútbol al Real Racing Club de Santander, mediante el correspondiente contrato, a cuyo efecto se ha encomendado-
un estudio al Colegio de Abogados de Santander, En todo caso, si
el contrato requiriese el pago por parte del Real Rácing Club de
alguna renta o cantidad dineraria, ésta deberá ser simbólica".—

Previa deliberación y a propuesta de la Alcaldía, se adop
ta por la C.M.P. el siguiente acuerdo:.- Primero.-Confor-
marnos con la petición económica, habida cuenta de que, -
en cierta manera, los 150.000.000 de pesetas ofrecidos -
hace aproximadamente un año, serían, teniendo en cuenta -
los intereses, los 175.000.000 de pesetas que se nos piden hoy.- Segundo.- Estar conformes con la cláusula se -
guna de permitir el uso indefinido del campo de fútbol -
al Real C.Rácing Club de Santander, mediante el corres -
pondiente contrato que, en principio, con independencia -
de una investigación jurídica más profunda podría ser el
de un arrendamiento durante 75 años, prorrogables por las
siguientes Corporaciones.-Tercero.- Añadir a este acuerdo-
las cláusulas del anterior acuerdo plenario, referidas -
al hecho de que este disfrute del campo podría ser realizada por aquellas Sociedades que de él trajeren causa, -
y que, evidentemente, el campo habría de estar adscrito -
a la práctica del fútbol, como se mantuvo en el acuerdo -
plenario que se cita. Añadiendo que todas las cláusulas -
del anterior acuerdo plenario que siguen en vigor se man-
tienen, es decir, lo único que se varía es la cláusula -
económica y la prestación del campo.- Y, por último, en -
lo que se refiere a las obligaciones de futuro, el Ayunta
miento se obligaría a realizar cuantas gestiones fueran -
precisas para conseguir la remodelación de los campos, no
una construcción nueva, sino la remodelación de los campos aportando para ello cuanteas negociaciones y gestiones fueran precisas, con independencia de las aprotacio -
nes económicas que en su momento decidirían la Corpora -
ción afectada.- El Ayuntamiento no puede comprometerse en
manera alguna al mentanimiento ordinario que deberá ser -
siempre a cargo de la Sociedad deportiva, en este caso -
Real Santander, o de quién de esta Sociedad trajera causa.
La remodelación del campo llevaría implícito la ordena -
ción, de acuerdo con el proyecto que se adjuntará en el -
contrato de compraventa de manera que los terrenos queden
disponibles para la ciudad en la forma que previene este-
proyecto.-"

        Lo que traslado a Vd. para su conocimiento y -
demás efectos.
            Dios guarde a Vd. muchos años.
            Santander 11, setiembre, 1982.
            EL SECRETARIO,

SR. PRESIDENTE DEL REAL RACING CLUB DE SANTANDER.- P. de

                                        CIUDXUD.

Juan Hormaechea ideó un maquiavélico plan para engañar al club, pero a beneficio de la ciudad. Posiblemente también a beneficio propio, tal y como se dijo en su día. Recuerden que antes de político fue un abogado experto en urbanismo, uno de los mejores de su época.

Intentamos resumir lo sucedido, pero no es sencillo por todo el contexto político que tiene detrás la historia y las guerras particulares que tenían entre ellos muchos de los protagonistas. Sería un novelón de muchas páginas o una serie de Netflix.

Los viejos Campos de Sport ya se encontraban muy deteriorados a comienzos de los años ochenta. En el verano de 1977 se trató seriamente la posibilidad de que Santander fuese una de las sedes del Mundial del 82 y lo tenía todo a favor. La ciudad estuvo inscrita como candidata a sede mundialista. La condición indispensable era remodelar el estadio o construir uno nuevo. Nuestra ciudad se autoexcluyó de la puja de ser sede del Mundial de Naranjito pese a ser una de las elegidas inicialmente.

La nueva directiva del Racing presidida por José Luis Cagigas, que se estrenaba en la temporada 79/80, ya intuía que la solución de los problemas financieros endémicos del club pasaba por esa vía. Incluso llegó a presentar una maqueta de un nuevo estadio a edificar en La Albericia. Cagigas era alcalde de Villaescusa y también era constructor.

En la campaña 80/81 el Racing ascendió a Primera División contra todo pronóstico debido a unas penurias económicas que habían impedido reforzar la plantilla. Al acabar la campaña la directiva anunció pérdidas millonarias y una deuda de 170 millones de pesetas. Cagigas insistía en que la única salida viable era la venta del mejor solar de España. Pero tenía en contra a toda la afición.

En junio de 1982 el alcalde de Santander, Juan Hormaechea, y el presidente del Racing, José Luis Cagigas, acordaron convocar un polémico referéndum sobre la venta de los Campos de Sport de El Sardinero y su mejora. La oposición de los socios era total y la idea de los directivos y los políticos era trasladar el estadio al barrio de La Albericia.

Ya la convocatoria misma de la consulta realizada desde el Ayuntamiento y no desde el club tuvo un rechazo considerable. Por ejemplo, el grupo municipal del PSOE en el Ayuntamiento de Santander pidió su prohibición al Gobierno Civil.

El referéndum no tenía ni pies ni cabeza. Se realizó en el interior del estadio durante el partido contra el Real Madrid, el último de la temporada y que ganó el Racing 3-2. Fue el Ayuntamiento el que distribuyó las mesas de votación y se encargó de la logística. Se utilizaron unas urnas precintadas y todo, pero allí votaba cualquiera, incluida la afición del Real Madrid llegada desde la capital, y no solamente los socios del Racing. Seguridad democrática no había mucha. Tampoco se controló demasiado cuántas papeletas metía cada persona…

Se podía elegir entre remodelar los Campos de Sport de El Sardinero o construir un nuevo y moderno estadio en La Albericia. Todo estaba pensado para que saliera la segunda opción...

Pero de las 12.907 papeletas el 77,4% fueron votos a favor de remodelar los viejos Campos de Sport. Solamente el 13,7% optaron por la idea de construir algo nuevo en La Albericia. El resto, 8,9%, fueron votos nulos con todo tipo de gracias o dos papeles en el sobre. Por supuesto, la gran mayoría de los socios no querían ni escuchar hablar de una venta del estadio. Se votaba arreglar un estadio que presentaba muchas deficiencias en Primera División.

El resultado del referéndum de 1982 fue demoledor. El racinguismo quería quedarse en El Sardinero y no construir un nuevo campo en La Albericia, pero el club necesitaba remodelar su estadio y no tenía dinero. Una paradoja.

La solución iba a ser intermedia. Para arreglar el estadio hacía falta la ayuda del Consistorio y la junta directiva ofreció la venta del estadio al Ayuntamiento por 175 millones de pesetas más la condonación de todas las deudas y su uso de manera indefinida. Unos 200 millones. No se abonaría renta alguna y se especificaba que solamente serían cantidades simbólicas si fuese necesario porque el recinto pasaba a ser municipal. La afición estaba en contra, por supuesto.

El club convocó para el 8 de julio una asamblea de compromisarios para ratificar la propuesta y seguir adelante con el plan, pese a tener en contra a la hinchada racinguista y de una manera bastante belicosa. Nadie quería vender. Ricardo Bárcena, como presidente de la Federación Cántabra de Fútbol, presidía una asamblea que incluía una trampa para sacar adelante la propuesta. Se negó el voto a los 100 socios más antiguos y a los expresidentes arguyendo que su voto solamente se tenía en cuenta para otras cuestiones como elegir al presidente y no para un tema como la venta del estadio. Evidentemente fue un escándalo, hubo abucheos, protestas y reclamaciones, pero ganó el sí. No se dejaba votar al resto.

El Ayuntamiento remodelaría la vieja instalación que pasaría a ser municipal, pero el guion iba a cambiar mucho más y siempre en la misma línea contraria a los intereses del sentir de los aficionados. La inmensa mayoría de los socios consideran que el valor de los terrenos era muy superior y que el club no se podía desprender de ese solar, de su patrimonio más valioso y que tanto había costado comprar y mantener. En otras ocasiones se habían hipotecado, por ejemplo. Cabe recordar que la finca estaba tasada en 102 millones, aunque el valor era mayor como en la mayoría de bienes inmuebles, y el club debía solamente 22 millones en ese momento al Ayuntamiento.

Desde el Consistorio se insistía en que no era una parcela urbanizable, pero inicialmente iba a pagar más de 205 millones por ella y había constructoras dispuestas a pagar esa cifra si podían edificar. Los socios compromisarios que votaron a favor de la propuesta lo hicieron en esas condiciones: 205 millones de pesetas descontando los débitos del club, que el equipo continuara disfrutando durante 75 años y con carácter exclusivo de aquel escenario y que la corporación abordara de forma inmediata la remodelación del que estaba considerado peor estadio de Primera División ya que el recinto tenía muchas deficiencias.

El acuerdo votado por muy pocos en la asamblea iba a variar radicalmente. El Ayuntamiento no iba a pagar nada y mucho menos de esa cantidad prevista inicialmente, apenas 36 millones condonando deuda, y no iba a remodelar el viejo estadio sino a construir uno nuevo. El Consistorio utilizó el recurso del embargo en lugar de comprar el estadio, que fue lo prometido, para evitar una impugnación posterior.

El 26 de agosto de 1983 Cagigas y Hormaechea firmaron un contrato por el cual el Ayuntamiento compraba el solar. En el documento se seguía hablando de remodelación del estadio, pero se añadió una coletilla jurídica en la que se indicaba que se podía construir otro nuevo en los terrenos actuales o colindantes si se «considerarse una mejor solución». No se decía tampoco qué técnico o quién lo tenía que considerar. Desde luego, la suerte parecía echada para los viejos Campos de Sport.

Al Racing todavía le aguardaban muchas más sorpresas agazapadas en los despachos en este asunto. El Ayuntamiento finalmente no compró el estadio sino que lo embargó con el consentimiento del club condonando la deuda con las arcas municipales. El 13 de diciembre de 1982 lo sacó a subasta. El concurso se retrasó intencionadamente dos meses en medio de una batalla política tremenda. El propio Juan Hormaechea arrancó del tablón de anuncios del Ayuntamiento la convocatoria del Boletín Oficial en un gesto muy suyo. Cagigas se había comprometido a no pujar.

El embargo fue la fórmula elegida por la alcaldía para hacerse con la propiedad de los Campos de Sport de manera más rápida y evitar la demora que buscaba la impugnación presentada por los socios del Racing, que seguían oponiéndose a la operación de manera firme y en los juzgados. En la asamblea de socios nada se dijo del embargo. La primera licitación de la subasta eran 55.617.074 pesetas. En segunda, de 62.569.207, y en tercera, de 41.712.804. El Consistorio se quedó el estadio y la finca por 36 en marzo de 1983. Eso sí, quedaba el compromiso de la construcción del nuevo estadio.

La entidad racinguista debía a la hacienda municipal 30.773.667 pesetas por diversos conceptos y la situación del club era mala, pero se exageraba para fomentar la venta del recinto. La propia deuda con el municipio pasó de 22, a 30 y 36 en muy poco tiempo y de una manera muy poco clara. La deuda total del club se dijo que era de 236 millones, pero en las cuentas se comprobó poco después que era mucho menor… Había otras soluciones mucho más ventajosas para el Racing y otras vías que ni se estudiaron pese a las exigencias de cientos de racinguistas.

La guerra que existía entre constructores, políticos y aficionados se escenificó en las elecciones al Racing de 1984. Solamente en publicidad los candidatos se gastaron más de cinco millones de pesetas en anuncios y remitidos en los que se aireaban los trapos sucios de unos y otros. Hubo denuncias en los juzgados y hasta una pelea delante de las urnas el día de la votación, el 30 de agosto de 1984. El telón de fondo era el llamado mejor solar de España.

Las elecciones a presidente del Racing en 1984 destaparon lo peor de la gestión del club y de los negocios de la España que comenzaba a gestar la cultura del pelotazo… Y no precisamente los de los equipos de Javier Clemente. No ha habido unos comicios más polémicos y turbulentos en el club santanderino ni las habrá ahora que todo se reduce a un máximo accionista. De fondo, planeaba la pérdida del estadio, que ya se había consumado pero que permanencia todavía recurrida en los tribunales.

La votación se celebró el 30 de agosto de ese año, pero los incidentes y descalificaciones se produjeron durante prácticamente toda la campaña 83/84 y se prolongaron más allá de las urnas con denuncias e insultos durante la temporada 84/85. En definitiva, un espectáculo bochornoso, aunque en lo deportivo se logró un ascenso y una excelente actuación del equipo en la máxima categoría. La pelea de unos empresarios que caían como buitres sobre un club que estaba en banca rota y que, en teoría, les costaba dinero de sus bolsillos, puso de manifiesto todo lo que hay detrás de un club de fútbol, con tejemanejes políticos, especulaciones urbanísticas y dinero que entra y sale de la caja sin demasiado control.

Las novedades en estos comicios eran que hubo más de dos candidatos en liza y que por primera vez tenían derecho al voto todos los socios y no solamente los socios-compromisarios. En realidad, esto último no afectó demasiado al devenir de las elecciones al no ser muchos los socios racinguistas.

El primer posible candidato que saltó a la palestra luego no se presentó. Fue el catedrático de instituto torrelaveguense García Moro. José Luis Cagigas jugaba al despiste sin decir si entraría o no en la carrera presidencial, aunque siempre se comentó que sí habría una candidatura 'oficialista' que podría estar encabezada por alguno de sus directivos. O bien Julio Cabrero o bien Julio Pomposo. Hasta febrero no dijo que se presentaba a dirigir otros cuatro años al Racing y no lo hizo públicamente, solamente a sus íntimos. Todavía se estaba en plena pelea por el ascenso de la campaña 83/84.

Pedro Reigadas, hombre cercano a Valentín Valle, era una de las voces críticas contra Cagigas en los medios y se habló también de su candidatura a la presidencia, aunque terminó acompañando al dirigente del que echaba pestes. Todavía no se conocía la fecha de los comicios, pero siete meses antes –tal y como se supo luego– el tono de las declaraciones que se recogían en los medios de comunicación era más que ofensivo entre presidente y oposición.

Emilio Bolado, ex delfín de Cagigas y miembro de su directiva, se desmarcó en mitad de la temporada del presidente preparando su desembarco en el club. De los diez directivos, incluyendo a Cagigas, fueron a una junta el secretario Díez Santos, Julio Pomposo, Julio Cabrero, Fernández Rosillo y García Maestro. Ramón Quintana y Antonio Gutiérrez excusaron su asistencia y Emilio Bolado y Francisco de la Riva simplemente no se presentaron. El cisma era más que una evidencia.

El eje de la campaña, en teoría, iba a girar en torno a la economía del club, aunque más bien derivó en las descalificaciones personales. Se habló incluso de una posible unión entre Emilio Bolado y Valentín Valle, un frente común contra Cagigas. Luego estos dos candidatos terminaron insultándose en los medios por medio de los famosos remitidos de la época, extensas cartas pagadas como anuncios publicitarios. Todo eran intrigas palaciegas y gastos en agencias de publicidad, un modelo que calcaba el que se había dado en las elecciones del Real Madrid entre Luis de Carlos y Ramón Mendoza. Se publicó al principio de las 'hostilidades' mediáticas que la campaña publicitaria de Emilio Bolado con una agencia de publicidad había costado entre 400.000 y 500.000 pesetas. Al final de las elecciones la cifra se elevó a cinco millones entre los tres candidatos. Tres habría gastado Bolado, uno y medio Cagigas y 500.000 pesetas Valentín Valle. Podría haber algo de exageración, pero no faltaron anuncios a doble página en los periódicos, folletos que se repartían por la calle y hasta llaveros de los candidatos. Lo que tampoco faltó fue el juego sucio y un terreno político embarrado.

Hubo lío con las listas de socios, con las papeletas y casi con cualquier cuestión relativa a las elecciones. Todos ellos cruzándose querellas y aireando trapos sucios en los medios.

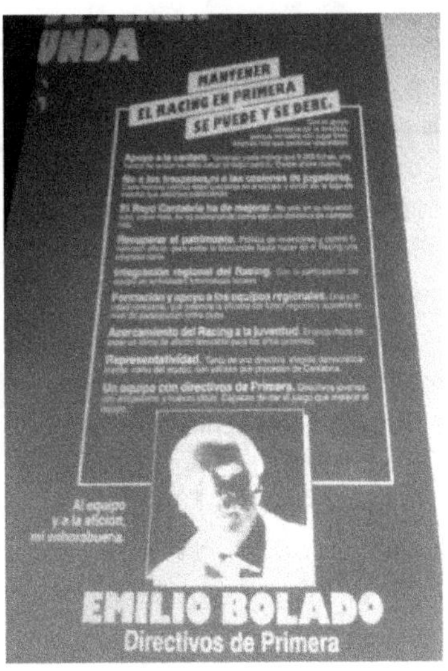

A las tres facciones se sumó en un momento dado un cuarto personaje: Pablo de la Torriente, un industrial que residía en Madrid y que había sido directivo del club. Esta persona se había posicionado claramente con los socios que se habían opuesto a la venta del estadio. En la ceremonia de la confusión Cagigas afirmó que Pablo de la Torriente estaba con él, algo que desmintió el interesado en cuanto pudo. Unos meses después terminaría apoyando la candidatura de Emilio Bolado y retirándose de la carrera presidencial. La agencia de publicidad que había contratado este constructor atacó primero con un llamativo anuncio a doble página que era encabezado por un titular enorme que rezaba así: «Un equipo de Primera no puede tener una directiva de Segunda».

Todos se peleaban por un achacoso Racing y se intuían oscuros motivos. La construcción de un gran centro comercial en la zona, que podía afectar a los terrenos del campo, o incluso ese sueño del pelotazo urbanístico de una continuación de Feygon en primera línea de playa que todavía no había muerto del todo, aunque el alcalde Juan Hormaechea, no lo iba a permitir nunca. Precisamente, el peculiar político no faltó en la campaña electoral del Racing. Se enzarzó con Cagigas en los medios y desmintió su vinculación con Bolado. Envió remitidos a la prensa y hubo más de un golpe bajo. El acuerdo de venta del campo fue una chapuza mayúscula en lo que al contrato se refiere y se dependía de la palabra del regente de la capital cántabra. Hormaechea afirmó que se había comprometido a pagar las deudas del club, pero sin firmar nada… Los 13 millones que debía pagar el Ayuntamiento, lo que faltaba del acuerdo de la venta del campo, dijo que no los iba abonar, ni tenía por qué. Los dimes y diretes en los medios ocupaban más espacio en la prensa que la actualidad deportiva.

El enfrentamiento llegó a tal punto que era ya más personal que otra cosa y afectaba a los negocios particulares de los empresarios, que trataban de ponerse zancadillas aunque fuese para que uno no vendiera un piso más o menos.

Luego hubo problemas con la Junta Gestora que se ocupó del club cuando Cagigas cesó de sus funciones para pasar a ser candidato. Los directivos Julio Cabrero, Manuel Fernández Rosillo y Julio Pomposo tuvieron que ir a Madrid a reunirse con Pablo Porta, presidente de la Federación Española de Fútbol, para que pusiera orden en una lucha de poder sin igual en la historia del club. Como no podía ser de otra forma, este asunto terminó también en los juzgados. Porta dio la razón a los directivos y no a la Junta Gestora que presidía Ricardo Bárcena.

Para ganar las elecciones se especulaba con que solamente harían falta 1.500 votos, que se podían tener atados incluso antes de poner las urnas. De los 5.472 socios había que quitar a los menores de edad y a los que no llevasen más de un año dados de alta lo que reducía el número de personas con derecho a votar.

El 20 de junio se celebró una Asamblea Extraordinaria, que coincidía con un España-Alemania de la Eurocopa que se estaba disputando en Francia y que era televisado. La reunión fue un circo. Dimitió la Junta Gestora y Bárcena nombró otra a dedo. Declaró que improvisó los nombres, aunque no lo parecía. Los calificativos en la prensa fueron del tipo: lamentable y vergonzante. Hubo insultos y un lío tremendo. Se declararon 119 millones de deuda, incluyendo los 13 que no pensaba pagar Hormaechea. Se afirmó allí que hacían falta 80 millones de pesetas para poder echar a andar el club la siguiente temporada. Los jugadores estaban sin cobrar y no había dirigentes, salvo los de la nueva Junta Gestora que estaba a expensas de lo que dictaminase la Federación Española y los juzgados.

El 14 de julio Pablo de la Torriente informó mediante un anuncio a toda página en prensa que renunciaba a la presidencia y se sumaba a la candidatura de Emilio Bolado. El texto lo encabeza este titular: «El Racing, lo primero» y era un ataque brutal a Valle y Cagigas. Precisamente, este último amenazó con impugnar las elecciones. El censo electoral era de 4.871 personas por lo que se dieron a cada candidato 700 impresos para que lograsen los avales necesarios para formalizar su candidatura, un 10% del censo, 487 firmas. Pues por esas 'papeletas' también hubo denuncias en comisaría y un lío tremendo por si se tenían que dar más o menos.

En los programas electorales había todo tipo de fantasías y promesas. Resulta curioso como por ejemplo Valentín Valle proponía la contratación de un preparador físico, pese a la negativa rotunda de Maguregui a tener uno. Esta nueva figura incluso tendría una hora a la semana para asesorar a los equipos de Tercera... Valle quería también recuperar los terrenos del campo que el Ayuntamiento se había adjudicado en subasta gracias al embargo e incluso lo tenía recurrido en los tribunales con el aval correspondiente. Con esta candidatura estaba el ex jugador y abogado José Antonio Somarriba, una persona muy apreciado por el racinguismo y fallecido hace pocas fechas, y de vicepresidentes el notario José Ramón Roiz Quintana y el traumatólogo Francisco Gonzalo Vivar.

Emilio Bolado fue el último en presentar su programa y lo hizo negando sus vinculaciones con Hormaechea, alegando que su empresa trabajaba con prácticamente todos los Ayuntamientos de la región. Lo cierto es que los tres candidatos tenían negocios de construcción porque Valle además del transporte de mercancías también había edificado viviendas. Con Emilio Bolado figuraba como vicepresidente Francisco de la Riva y el ex jugador Juan Carlos Pérez, como cara del proyecto deportivo. Manuel Martínez Pelayo era el secretario.

Cagigas logró el mayor número de avales, 555. Emilio Bolado consiguió 526 y Valentín Valle se quedó en 501. A todo esto el club tenía que seguir funcionando y había muchos problemas de pagos.

La plantilla estaba ya de pretemporada en Brañavieja y Cagigas sacaba pecho en su publicidad de campaña: de los 21 jugadores que están allí 17 son cántabros. Sobre el déficit de 41 millones matizaba que era por mejoras en El Sardinero y en La Albericia, pero sobre todo, sus mejores avales eran el ascenso y la renovación de Quique Setién.

El día de las elecciones no cesaron los problemas. Las cuatro mesas electorales se instalaron la estación marítima del Ferry. La Policía se retrasó originando el primer incidente, ya que algunos socios impacientes amenazaron con irse e intentaron entrar. Hubo problemas de la Junta Electoral con los periodistas e incluso se pegaron un partidario de Bolado y otro de Valle. Muchos incidentes que recogían lo sembrado en una campaña tensa.

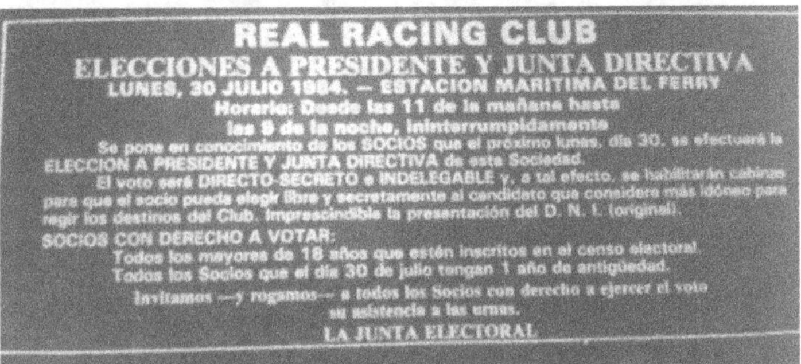

Votaron 2.646 racinguistas de 4.896 censados, un 54%. Cagigas obtuvo 1.109 votos, Bolado, 821, y Valle, 716. El primero en votar fue Cagigas acompañado de Pedro Reigadas a las 12, a los cinco minutos llegó Emilio Bolado y a la una y cuarto Valentín Valle.

El recién reelegido presidente dijo aquello de que «lo primero era cumplir las promesas electorales y el programa es para cumplirse». Una de las promesas era un pabellón cubierto en La Albericia con gimnasio y otra llegar a los 10.000 socios... Quedaron en el aire.

Pero la guerra no terminó en las urnas... Todavía quedaba lo peor de la resaca electoral. Samuel Lamarca dejó de un día para otro la gerencia del club y en exclusiva para el diario Alerta denunció que Cagigas se había llevado dinero del club para fines particulares. Contaba en el periódico que al principio el presidente había puesto dinero de su bolsillo, pero que luego se lo había llevado. El club le despidió automáticamente y le denunció por llevarse los libros de actas. Lamarca confirmó que se había llevado los libros de la sede del club para que no los manipulasen y comenzó así un largo culebrón sin igual en la historia del club. Se dijo que detrás de todo esto pudo estar Valentín Valle, Bolado... O los dos.

Con las pruebas aportadas por Samuel Lamarca, Pablo de la Torriente denunció en los juzgados a Cagigas y al secretario del club, José Miguel Díez Santos, por apropiación indebida y falsificación de actas. La querella se admitió a trámite. Por los juzgados de la Calle Alta pasaron los 'pesos pesados' del racinguismo. Hubo nada menos que dos horas y media de declaración de José Luis Cagigas ante el juez Guillermo Sacristán Represa.

Hay que recordar que José Luis Cagigas era también alcalde de Villaescusa y pertenecía al Partido Democrático Popular que gobernaba en coalición con Alianza Popular dentro del Grupo Popular. Curiosamente uno de los personajes más críticos con el máximo dirigente del Racing era Juan Francisco Remón, de AP, que pertenecía a la Comisión de Seguimiento del Racing y que iba en la candidatura de Valle. El lío político que se monta es monumental cuando los concejales de Villaescusa piden al 'exaltado' Remón que pare o dimiten en bloque... Al final, la escaramuza de despachos incluso traspasa el ámbito autonómico y llega a Madrid. La Comisión de Seguimiento del Racing estuvo formada por seis socios que tenían la tarea de investigar las cuentas del club de manera independiente para informar al resto. Tres dimitieron antes de comenzar esa labor y se quedaron Remón, Eladio Mesones y Luis Carral. Cagigas había vencido con claridad en las urnas verdiblancas, aunque no con amplitud y sumando los votos de la 'oposición' no tenía mayoría. El racinguismo estaba dividido y sumido en una crisis institucional enorme.

La denuncia de Samuel Lamarca siguió su curso, pero tardaría mucho en resolverse el caso. La justicia es lenta y, a veces, hasta segura. Hubo un careo entre el ex gerente y el presidente y en él todo se complicó un poco más. Los dos millones de pesetas que se habían desvanecido eran la clave de los ataques a Cagigas. El presidente reconoció primero que eran los intereses que le correspondían por haber adelantado dinero de su bolsillo al club, aunque todos los directivos habían acordado públicamente no cobrar intereses si colaboraban económicamente con el Racing. Pero en ese careo salió a relucir que esos dos millones habían sido destinados a "agilizar trámites" en el asunto del estadio. Juan Hormaechea se dio por aludido y montó en cólera. Jaime Blanco, secretario general del PSC-PSOE pasó al ataque: «Hormaechea tiene que explicar el maletín con dos millones que le dio Cagigas».

Juan Francisco Remón, secretario técnico de Alianza Popular, dimitió de la Comisión de seguimiento del Racing para dejar a Cagigas sin argumentos. Su intención era demostrar que aquello no era algo político. Él consideraba que la gestión del club no había sido buena, que Cagigas no había robado, pero que las cuentas no eran claras, eran demasiado personalistas. El 'affaire Racing' (como se denominó) se había politizado en extremo.

A la fiesta se sumó otra vez Valentín Valle con un remitido a los medios titulado «Hormaechea ha sido el peor enemigo del Racing». El ex presidente del Racing todavía mantenía una impugnación contra la compra-venta del estadio.

La respuesta de Hormaechea dejó a todos con la boca abierta con una revelación increíble. Primero contó que como abogado experto en urbanismo tanto López Alonso como Valle le habían consultado por las posibilidades de levantar una urbanización de seis bloques de nueve plantas en los viejos campos años antes, extremo que negaron los dos ex presidentes del club. Segundo que esa construcción hubiese sido posible con la normativa que existía y que hubiera generado 1.000 millones para el Racing, mientras que el Ayuntamiento pagó en teoría menos de 100 por los terrenos. En realidad fueron solamente 36 y el nuevo estadio.

Hormaechea lo hizo público cuando acababa de aprobar un nuevo Plan General de Urbanismo que imposibilita ya la construcción del macrocomplejo y acusó a los ex dirigentes del Racing de tratar de quebrar el club de forma deliberada para construir esa urbanización. Reconocía por tanto haber obrado con engaño en la adquisición del campo del Racing. Con el tiempo, está claro que la ciudad se benefició de esta acción, pero que el club de fútbol salió perdiendo y mucho. Como consuelo, recordar que solamente hubo dos votos en contra de la decisión de enajenar el campo. Tiempo después, el propio Hormaechea, siempre partidario de ampliar el parque, especuló con la posibilidad de construir allí un Palacio de Congresos, pero quedó solamente en un comentario. Hubiese sido el engaño total para el club de fútbol.

Los éxitos deportivos lo fueron tapando todo. Pablo de la Torriente que mantuvo viva la llama de oposición a Cagigas dejó como frase para el recuerdo: «Esto solo ocurre aquí y en Kenia».

No fue hasta septiembre de 1987, casi tres años después de que estallara el escándalo, cuando Cagigas presentó su dimisión, aunque en la Asamblea había tratado de buscar apoyos para terminar la temporada. La presión popular y de los medios y la negativa de muchos aficionados a retirar el abono forzaron la decisión. El club estaba en Segunda y destrozado económica y deportivamente, pero fue una dimisión en dos partes, con su correspondiente amago a primeros de mes y finalmente en noviembre.

El primer aviso de marcha de Cagigas se frenó porque la directiva que se quedaba necesitaba encontrar otro presidente que pusiera dinero y levantara avales personales de 40 millones de pesetas. El club debía abonar a Hacienda 35 millones de manera urgente. Se habló de la incorporación como presidente de Ángel Velasco Buitrago, gerente de Cadevesa, que procuraría la necesaria inyección económica. Julio Cabrero, como portavoz, trató de buscar a ese inversor que entrara al club, pero sin éxito.

Como no se pudo arreglar el desaguisado económico, Cagigas decidió quedarse hasta la celebración de elecciones en noviembre a petición de la Federación. «Mis compañeros de Junta no han arreglado nada desde que puse el cargo a su disposición; dijeron que iban a encontrar a la persona que solucionaría los problemas económicos del Racing y ha pasado el tiempo sin encontrar ninguna solución. Mi intención era haber presentado la dimisión pero el presidente de la Federación me ha pedido que siga hasta que se celebren las elecciones por ser la mejor solución para el club», matizaba Cagigas. Los avales personales eran la clave de la salida del dirigente.

El equipo todavía no había ganado un partido en Segunda y el Rayo Cantabria se había negado a seguir entrenando porque no tenían ni pantalones, ni camisetas, ni balones en condiciones. La venta del campo no había cambiado nada.

El 20 de septiembre de 1988 en la Audiencia Provincia de Santander, que presidía Jesús Porras, se celebró el acto de solicitud de confirmación sobre la causa número 2/1985 del juicio a José Luis Cagigas, que había sido condenado a dos años de prisión menor, uno por apropiación indebida y otro por falsificación de documento privado. En el caso de la compra-venta del viejo estadio ya no hubo nada que hacer.

El acuerdo actual de uso del estadio entre el Racing y Ayuntamiento de Santander ni siquiera se refiere al actual recinto. Son cuatro folios en los que se especifican muy pocas cosas. El documento indica claramente que se «permitirá indefinidamente el uso de la referida finca» tanto por el Racing como otras sociedades relacionadas, filiales, aunque queda todo «adscrito a la práctica del fútbol». En ocasiones el texto es confuso porque se acordaba una remodelación y no la edificación de otro estadio. En el anexo de septiembre de 1982 ya queda constancia de que el acuerdo fue aprobado por mayoría absoluta en el pleno, votaron a favor los 14 ediles de la corporación.

Entre lo más destacable es que se especifica que si «el contrato requiriese el pago por parte del Racing de alguna renta o cantidad dineraria esta deberá ser simbólica». Por una cuestión legal el arrendamiento del estadio quedó concedido a 75 años –a expensas de una investigación jurídica que no se efectuó– pero con el compromiso moral de las siguientes corporaciones de renovarlo. En el documento y en aquel pleno municipal quedó patente que el uso era a perpetuidad para el club racinguista. Ese fue el espíritu del acuerdo.

Entre las obligaciones de futuro que se plasman figura que «el Ayuntamiento se obligaría a realizar cuantas gestiones fueran precisas para conseguir la remodelación de los Campos, sin una construcción nueva, aportando para ello cuantas negociaciones y gestiones fueran precisas, con independencia de las aportaciones económicas que en su momento decidiría la Corporación afectada». Lo que se hizo fue construir un estadio de cero.

La relación entre Racing y Ayuntamiento es como la de cualquier inquilino con su casero. Se «cede el dominio útil» a la sociedad deportiva y el Consistorio mantiene el «dominio directo» de la nueva instalación. El mantenimiento ordinario corre a cargo del club. El Ayuntamiento ni puede ni debe efectuar obras de mantenimiento, pero sí actuar en caso de riesgo para las personas.

La fiebre mundialista

Quizá pocos aficionados racinguistas saben que los viejos Campos de Sport de El Sardinero fueron candidatos a acoger partidos del Mundial de España en 1982. Tal vez los nuevos puedan soñar con ser sede de otro Mundial en 2030 y aprovechar esta circunstancia para una remodelación total del estadio.

A principios de junio de 1977 eran candidatas a ser sede mundialista 17 ciudades, además de dos fijas –Madrid y Barcelona– que lo iban a ser sí o sí: Valencia, Alicante, Zaragoza, Bilbao, San Sebastián, Vigo, La Coruña, Santander, Oviedo, Gijón, Málaga, Valladolid, Cádiz, Granada, Burgos, Sevilla y Las Palmas. Sus ayuntamientos habían presentados las diferentes candidaturas y casi todas eran ciudades con club en Primera División o mayores de 200.000 habitantes. Todavía no se había aprobado que el Mundial de Naranjito iba a ser el primero de la historia con 24 selecciones, aunque ya se barruntaba, con lo cual había más opciones de un mayor número de sedes. La FIFA lo comunicó oficialmente en enero de 1978. También se especulaba con que dos ciudades cercanas pudiesen formar una única sede, como sería el caso de Vigo y La Coruña, Valencia y Alicante, Bilbao y San Sebastián, Gijón y Oviedo, Sevilla y Cádiz, etcétera.

Finalmente fueron 17 los estadios en los que se disputó el Mundial del 82: Balaídos (Vigo), Benito Villamarín (Sevilla), Camp Nou (Barcelona), Carlos Tartiere (Oviedo), Vicente Calderón (Madrid), Rico Pérez (Alicante), Zorrilla (Valladolid), La Romareda (Zaragoza), Martínez Valero (Elche), Mestalla (Valencia), El Molinón (Gijón), Sánchez-Pizjuán (Sevilla), Riazor (La Coruña), La Rosaleda (Málaga), San Mamés (Bilbao), Bernabéu (Madrid) y Sarriá (Barcelona). De las ciudades que lo había pedido inicialmente solamente se cayeron seis: Santander, Burgos, Granada, Las Palmas, Cádiz y San Sebastián.

El objetivo de haber convertido a Santander en sede del Mundial, además de los motivos publicitarios y turísticos para la ciudad, era que serviría para remodelar el estadio, ya entonces en estado cochambroso. La Federación colaboraba económicamente en este aspecto. Incluso se especuló con la construcción de un nuevo en otra ubicación, algo que se ha llegado incluso a presentar en varias épocas de la historia del club.

Al final, hubo cierta desidia institucional y el tren pasó a gran velocidad. Muchas otras ciudades querían un caramelo muy apetitoso. Al ser un estadio de propiedad privada no hubo acuerdo entre el club y las instituciones y realmente ni se intentó ir más allá de inscribirlo como precandidato a sede mundialista. Santander se autoexcluyó de la puja, aunque se sembró la semilla de los nuevos Campos de Sport. Una situación que no se resolvió hasta finales de agosto de 1983. El tren del Mundial de Naranjito había pasado hacía ya mucho tiempo.

Se supone que Santander nunca más podrá optar a ser sede de un Campeonato del Mundo de fútbol o al menos que nunca se estuvo tan cerca como entonces. Ahora el mínimo de aforo que exige la FIFA para un estadio mundialista es de 40.000 espectadores, 60.000 para albergar una semifinal y 80.000 para la final y encuentro inaugural. Para la historia, eso sí, quedaron las concentraciones en Puente Viesgo del combinado nacional previas a las grandes citas.

Lo que sí quedó en el Racing, y en la mayoría de los clubes españoles, fue algo de la fiebre mundialista que dejó el evento de Naranjito pese al fracaso absoluto de la selección nacional. Había más interés por el fútbol y por tratar de comercializarlo. En el mercado de fichajes todos querían a su figura internacional y se afanaron en pescar entre las selecciones participantes. A pesar de su precaria situación económica, el club santanderino entró en ese juego. Sonaron con insistencia los nombres del polaco Lato y del argelino Belloumi, que habían sido figuras destacadas en sus respectivas selecciones, pero al final no se llegó a concretar nada. Sin embargo el club seguía buscando un portero. Se habló de Koncilia, el portero de la selección austriaca, que incluso estuvo en Santander, o del argentino Ferrero, que llegó a ser probado. También fueron ofrecidos el belga Pfaff y el camerunés N'Kono. El camerunés estampó su firma con el Racing, pero fue cambiado a punto de empezar el campeonato por Julio César Arzú, el portero de la selección hondureña. El fichaje fue muy sonado y celebrado ya que había tenido una muy buena actuación en el Mundial, incluso mejor que la del africano, pero no dio el resultado apetecido en Santander.

La selección de Honduras había realizado una gira por España en 1981 para preparar el hexagonal clasificatorio para el Mundial. Como para parte de esa preparación disputaron el Trofeo Ciudad de Santander, aunque no se llegaron a enfrentar al Racing. Perdieron el primer duelo 2-0 ante el Valladolid dejando buenas sensaciones. Bajo palos estuvo Jimmy Steward. Arzú disputó el encuentro por el tercer y cuarto puesto ante el Slovan de Bratislava con 4.000 espectadores en El Sardinero. Los checos se llevaron el duelo en los penaltis tras empatar a uno en el tiempo reglamentario. Lo más llamativo del duelo entre checos y hondureños fue la lesión del delantero Bernárdez tras recibir una entrada brutal del portero rival. Tuvo que ser trasladado al hospital de Valdecilla y estuvo mucho tiempo sin poder jugar y se perdió el Mundial.

Posteriormente Honduras jugó contra la Gimnástica de Torrelavega y logró su primer triunfo de la gira, 0-2. Los racinguistas metieron ya entonces en su agenda al arquero de color como posible fichaje.

Quizá no estaba preparado para el duro campeonato español, o más bien se precipitaron sus actuaciones sin darle tiempo a aclimatarse, en todos los sentidos, a nuestro país. Después de tanta búsqueda barajando nombres de porteros de tres continentes, la solución para los siguientes años estaba ya en el club: Pedro Alba.

Precisamente Alba, que fue el que mejor le conoció, ha explicado en muchas ocasiones los motivos por lo que considera que Arzú no triunfó en Europa: «Se ha hablado mucho y mal respecto a las condiciones que tenía Arzú y estoy totalmente en desacuerdo. Llegó a un país con un clima totalmente diferente al suyo y con temperaturas mucho más bajas. También tuvo que adaptarse a las comidas. Él estaba acostumbrado a beber mucho líquido por el calor en Centroamérica, pero aquí no sudaba. Debido al cambio de alimentación ganó diez kilos sobre su peso habitual rápidamente. Hubo muchos partidos con lluvia y los balones que se usaban entonces no eran fáciles de agarrar. Se empleaba el Mikasa, pero en muchos casos se ponía un sello como si fuera el oficial y eran pelotas que no eran reglamentarias y se usaban para entrenar. Al coger velocidad hacía mucho extraños». También hay que añadir la luz artificial, algo a lo que tampoco estaba habituado. No tuvo un mal arranque liguero en las siete primeras jornadas, pero en la octava el Racing cayó 5-1 ante el Real Madrid y después 0-4 ante el Barcelona de Maradona en El Sardinero. Fernández Mora decidió entonces alinear a Pedro Alba y el cántabro respondió bien. El hondureño volvió a jugar ante el Unión Deportiva Salamanca en la jornada 22, pero el Racing cayó 3-0. En total disputó 10 encuentros oficiales y encajó 19 tantos.

En una entrevista en *El País* realizando por Lino Javier Palacios, en noviembre de 1982, el futbolista ya reconocía su falta de adaptación tras haber brillado en el Mundial. Honduras se quedó a tres minutos de clasificarse al encajar un gol en La Romareda de Yugoslavia y puso en aprietos a España con la que empató a uno tras adelantarse a los siete minutos. «Soy suplente porque encajé nueve goles ante el Real Madrid y Barcelona. Quizá no se tuvo muy en cuenta que nos enfrentamos a contrarios que cuando agarran a un equipo así, vamos, un poco desmañado, lo destrozan. Además, Alba lo está haciendo muy bien y acepto el banquillo por el bien del club», se excusaba. El Racing meditaba darle la baja y así ahorrar algo de dinero. Tenía que pagar 2,5 millones de pesetas a su equipo de procedencia, el Atlético España, por su cesión. Si querían retenerlo al finalizar el ejercicio deberían añadir otras 600.000 pesetas, algo que no estaban dispuestos a realizar visto lo visto ya en aquellas fechas. «No me gusta que me paguen por estar en el banquillo», apuntaba.

«En Honduras bastaba entenderse bien con Kostly y Jaime Villegas. Me sentía seguro porque me hacían caso. No es que Sañudo y Mantilla no me atiendan, sino que los chillidos del público no siempre les permiten escuchar. Además, aquí se fomenta el centro-chut y en mi país se acostumbraba a enviar la pelota muy bombeada, demasiado alta. Extraño la velocidad del fútbol español y lo duro que patean hacia el marco. Los jugadores tienen acá una manera especial de golpear al cuero, tanto que uno se queda quieto. Por otro lado los balones que usa el Racing hacen más difícil nuestro trabajo», contaba Arzú sin tapujos sobre su pobre adaptación deportiva. En 2011 estuvo de visita en Santander y siempre mantuvo una estrecha amistad por Pedro Alba y también con algunos otros compañeros.

Fede Castaños, Arzú y Alba en la visita que hizo en 2011 a Santander

El sorteo del calendario liguero de la 82/83 quiso que los dos porteros que había firmado el Racing en verano se midiesen en la primera jornada en Sarriá el 4 de septiembre de 1982 con la curiosidad de que era la primera vez que un guardameta negro jugaba en Primera División y ocurría por partida doble: Tommy N'Kono en el Espanyol y Arzú en el Racing. Cada portería estaba guardada por un angelito negro, como los de la canción del cubano Antonio Machín. El guardameta centroamericano llegó en forma o al menos eso contaba él: «En Honduras estábamos en plena competición liguera y por ello físicamente me encuentro a punto». Sobre las comparaciones con N'Kono, el hondureño hablando de sí mismo en tercera persona, lo tenía claro: «Arzú no es ni superior ni inferior a nadie. Es Arzú».

El Español, entrenado por el ex técnico racinguista José María Maguregui, ganó 1-0 gracias a un tanto de penalti transformado por Escalza a los 26 minutos de juego. Una ingenua zancadilla de Mantilla a Arabí terminó costando a los cántabros el único gol del encuentro. La primera parte fue soporífera y poco mejoró el juego en la segunda. Ninguno de los dos conjuntos ofreció demasiado, aunque los barceloneses fueron algo superiores. Arzú fue el más destacado de un Racing lastrado por las bajas de Quique y Verón. El hondureño realizó varias paradas de mérito que auguraron el acierto de su fichaje... Una falsa esperanza. N'Kono pasó más desapercibido porque apenas le inquietaron los atacantes racinguistas. A cuatro minutos del final, un error en la zaga perica le dejó el balón franco a Álvarez, pero el camerunés repelió su disparo y envío el esférico a saque de esquina. El africano había cometido un fallo grave saliendo en falso en un córner de la primera parte, pero lo enmendó con esa parada final. Por lo demás, tuvo un debut bastante plácido.

El mítico árbitro andaluz Andújar Oliver sacó de quicio a Arzú aplicando mal la ley de los cuatro pasos recién instaurada en la Liga. Fue el primer portero en ser amonestado por este motivo en España, a los 13 minutos de aquel encuentro. Las protestas del arquero centroamericano le costaron la tarjeta amarilla.

Arzú y N'Kono habían realizado un buen Mundial en España y dejaron buenas sensaciones en Sarriá. Luego la trayectoria de cada uno fue opuesta. El africano logró triunfar en nuestro país mientras que el hondureño regresó a casa tras su primera y única campaña en el Racing y en un fútbol más profesionalizado. El resto de su carrera transcurrió en Honduras.

Curiosamente ambos habían disputado el 7 de agosto de 1982 en Nueva York un partido que enfrentó a Europa contra el resto del mundo a beneficio de Unicef. N'Kono disputó todo el partido dejando sin minutos a Arzú, pero un fallo clamoroso del africano le costó la derrota a su combinado, que perdió ante los europeos 2 a 3. Por aquel error, que sembró dudas sobre su capacidad, y sobre todo por su negativa a renunciar a jugar con Camerún la Copa de África y otros compromisos internacionales, la directiva del Racing se echó atrás y paralizó un fichaje ya cerrado. Un portero africano era entonces algo bastante excéntrico, pese a que en el Mundial había tenido actuaciones brillantes. Eso sí, con un estilo heterodoxo. Maguregui aprovechó la ocasión y el Espanyol se hizo con los servicios de N'Kono a precio de saldo. El segundo arquero perico, el belga Custers también fue ofrecido al club cántabro en un verano loco a la búsqueda de un cancerbero, sin tener en cuenta que el canterano Pedro Alba era una garantía.

Tommy N'Kono y Julio César Arzú no han sido los únicos porteros vinculados al Racing que estuvieron convocados para formar parte de una selección de la FIFA. El austríaco Koncilia, que ese mismo verano estuvo en Santander sin concretar finalmente su pase al Racing, había formado parte de la selección del resto del mundo que se enfrentó en 1979 a Argentina con motivo del aniversario de la primera Copa del Mundo conquistada por los albicelestes.

Más reciente, en 1997, la selección del resto del planeta derrotó 2-5 a Europa en Marsella y Frode Grodas sustituyó al alemán Köpke, que salió como titular. El noruego militó en el Racing en la temporada 98/99. Llegó ya veterano a Santander, con 34 años, en el mercado de invierno y jugó seis encuentros de inicio ganándose el respeto de los aficionados racinguistas.

En cuanto a jugadores de campo que hayan disputado este tipo de partidos oficiales y que hayan jugado en el Racing debemos señalar a Paco Gento, que estuvo en 1963 en el encuentro conmemorativo del Centenario de la Federación de Inglaterra. El cántabro formó parte de un once glorioso con futbolistas como Puskas, Eusebio, Di Stéfano o Yashin. Vladimir Beschastnykh disputó el 18 de agosto de 1997 el partido del Centenario del fútbol ruso, que se encuadró también dentro de los festejos de los 850 años de la Ciudad de Moscú. Lo curioso es que el delantero jugó con la selección del resto del mundo y no con la de Rusia, que perdió 0-2 en casa. Beschastnykh entró sustituyendo al ucraniano Andrei Shevchenko.

También disputó un encuentro ante una selección del mundo el cántabro Iván Helguera, aunque defendiendo los colores del Real Madrid. Fue en el partido del Centenario del club blanco en 2002. El Real Madrid empató a tres ante el once de la FIFA, que solamente reconoce como oficiales una veintena de partidos con selecciones del mundo o continentales.

«Prefiero que el Racing esté en manos de la sociedad

a que esté en manos de liosos»

Juan Hormaechea

(1939-2020)

Político y abogado